Potsdamer Landschaften

Zu Ehren des
Potsdamer Landschaftsgestalters
Peter Joseph Lenné
1789 – 1866

Potsdamer Landschaften

Georg Lentz

Photographie:

Jürgen Strauss

J·Strauss·Verlag

Dieses Buch entstand nach einer Idee von
Richard Röhrbein.

Herausgegeben in Vorbereitung
der Bundesgartenschau 2001 in Potsdam.

Die Deutsche Bibliothek – CIP-Einheitsaufnahme

Potsdamer Landschaften / Georg Lentz.
Photogr.: Jürgen Strauss. – Potsdam: Strauss, 1996
ISBN 3-929748-07-X
NE: Lentz, Georg; Strauss, Jürgen

Titel / Umschlag:
Pfingstberg mit Pomonatempel

Edition: Architektur und Landschaft in Berlin-Brandenburg

Text: Georg Lentz
Photographien: Jürgen Strauss ©
Lektorat: Annelie Kaduk
Layout: Peter Kampehl
Lithographie: Repro-Scan Jürgen Betsche, Nürnberg
Satz und Druck: Druckhaus Münch, Selb
Bindung: Kühn Buchproduktion, Kelkheim
Printed in Germany
ISBN 3.929748-07-X

INHALT

„Die Gegend um Potsdam ist so schön,
als sie in einem flachen und sandigen Lande seyn kann.
Vor den mehrsten Thoren sind Alleen; und weiter hin,
meistentheils am Wasser sind Wälder, buschichte Hügel und Weinberge.
Von einigen benachbarten Bergen hat man schöne und
abwechselnde Aussichten nach der Stadt,
über die hier sehr breite Havel, nebst einigen Seen, nach verschiedenen Dörfern,
und nach den Königlichen Gärten, Wäldern, Lustschlössern und Häusern,
die zum Theil wieder auf kleinen Anhöhen liegen."

Friedrich Nicolai, 1786

Sicht vom Pfingstberg

MEIN GANZ PERSÖNLICHES POTSDAM

Während jener Epoche, die als „Kalter Krieg" bezeichnet wurde, arbeitete ich als Korrespondent für deutsche Zeitungen im Ausland, zuletzt viele Jahre in Frankreich. Potsdam war weit entfernt, kaum ein Gedanke galt dieser Stadt, niemand traf ich in den fernen Ländern, der Potsdam kannte, dem auch nur der Name geläufig war. Genau so weit entfernt wäre Potsdam allerdings für mich gewesen, wenn ich in Westberlin gelebt hätte, jenseits der Glienicker Brücke, die „Brücke der Einheit" hieß und doch so trennend war – ein Schauplatz nur noch des gelegentlichen Austauschs von Spionen. Dann kam die Wende, uns in Frankreich angekündigt durch einen Nachbar, der vorschlug, daß wir den Fernseher einschalten sollten: In Deutschland, meinte er, sei eine Mauer eingestürzt.
Es war die Berliner Mauer. Wir sahen auf dem Bildschirm die Massen, die durch die Lücken dieses Bauwerks drängten. Wir packten und fuhren nach Berlin. Dort angekommen, erfuhren wir, daß ein Freund, Dr. W., als erster die Glienicker Brücke passiert hatte. Unfreiwillig, wie er gestand: Sein Hund war ausgebüxt, Richtung Potsdam, und Dr. W. war hinterhergerannt. Das löste einen Strom von beiden Seiten aus, West ging nach Ost, und Ost ging nach West; der Übergang Glienicker Brücke war eröffnet. Potsdam gab es wieder. Und damit den Anlaß, sich zu erinnern.

Auf dem Paneelbrett der Sofaumrandung stand bei uns ein Bierkrug mit Zinndeckel. Auf dem Krug waren Husaren abgebildet, hoch zu Roß und im roten Rock mit Verschnürungen. Ein Spruch lief rings um diesen Krug, der lautete:
„Wer schützt das Vaterland mit Macht,
wenn's blitzt und kracht?
Das macht Reserve neunzehnhundertacht."

Dieser Krug, durch Kriegseinfluß später vernichtet, verherrlichte jene Zeit im Leben meines Vaters, die er als Leib-Garde-Husar in Potsdam zugebracht hatte. Die Kaserne gibt es noch, sie leuchtet neu gelb angepinselt, und auch die Zinnen auf dem Dach sind noch an Ort und Stelle, die einst auf allerhöchsten Befehl angebracht wurden: König Friedrich Wilhelm IV, leidenschaftlich dilettierender Architekt, hatte die trutzige Fassadenkrönung befohlen.
Kasernen haben überhaupt die Eigenschaft, sich über schlimmste Zeiten hinweg zu erhalten. Der Bombenangriff vom April 1945 legte das barocke Potsdam in Schutt und Asche. Die Kasernen blieben stehen. So war es immer. 1918 war das schnieke Husarendasein beendet. Der Kaiser floh nach Holland. Sein Feldherr Ludendorff reiste, als Herr Lindström getarnt, nach Schweden. Mein Vater, Ex-Husar der Reserve 1908, hatte den Rückzug vom Balkan mitgemacht und fuhr nun einen Schützenpanzerwagen der Brigade Erhard. Das Gefährt war später im Berliner Zeughaus zu besichtigen. Es zeichnete sich dadurch aus, daß es zwei Lenkräder besaß: Eines für den Vorwärts – und eines für den Rückwärts-Chauffeur.
Dann gab es die Reichswehr, Hitler kam an die Macht. Potsdam wurde, mit einer Feierstunde in der Garnisonkirche, sozusagen wiedereröffnet. In die Husaren-Kaserne zog eine Panzer-Abwehr-Abteilung ein, Teil des Traditionsregiments, das nun Husaren-Glanz neu unters Volk brachte. Mein Vater, längst ins Zivilleben zurückgekehrt, ließ es sich nicht nehmen, die Familie eines Tages in warme Decken zu wickeln und sie im Morgengrauen nach Potsdam zu chauffieren – zum „Husarentag".
Wir standen bibbernd in der Heide, gleich anderen Familienmitgliedern einstiger Leibgarde-Husaren. Die Männer, in dunklen Anzügen, Schirmmützen auf den

Jagdschloß Glienicke und Maschinenhaus im Park Babelsberg

Köpfen und das Abzeichen des Kyffhäuser-Bundes am Jackenrevers, hatten sich zu Rudeln zusammengerottet, schlugen einander auf die Schultern und tauschten Erinnerungen aus.
War's das Bornstedter Feld? War's Döberitz? Ich weiß es nicht mehr. Eine Vorführung fand statt. „Unsere" Panzerabwehr-Husaren versteckten sich, samt Kanönchen, in magerem Buschwerk. Die Nebel hoben sich. Aus der Ferne ratterten flink kleine Panzerwagen auf Raupenketten heran. Ihre Maschinengewehre knatterten: Platzpatronen. Zu meiner Enttäuschung standen die Abwehr-Soldaten in ihren Buschstellungen auf. Das war Vorschrift, damit sie nicht überfahren wurden.
Überhaupt fand ich, die Panzerleute in ihren schwarzen Uniformen hätten die Husaren-Nachfolger sein sollen. Schließlich hatte es ja auch schwarze Husaren gegeben. Ihr Chef, General Mackensen, war häufig bei öffentlichen Anlässen zu sehen, in voller Uniform.
Hier war er nicht. Aber ein anderer Husar stakste auf dem Feld umher, in Uniform und mit Pelzmütze, allerdings feldgrau. Das war Prinz Eitel-Friedrich, Hohenzollernsproß und Schirmherr, nehme ich an, dieser Veranstaltung. Die Uniform saß ein bißchen stramm, sein Träger hatte in den Nachkriegsjahren zugelegt.
Der Prinzhusar ging schnurstracks auf meinen Vater zu und sprach mit ihm. Zu meinem Erstaunen legte mein Vater die Hände an die Hosennähte und stand stramm. „Stehen Sie doch bequem", sagte leutselig der Prinz. Dann überreichte er meinem Vater eine Zigarre, nahm selbst eine aus dem Etui, und mein Vater gab ihm Feuer. Da standen sie, zwei Husaren, und rauchten, auf jenem Feld in Bornstedt oder Döberitz.
Gulaschkanonen fuhren auf, es gab zum Abschluß Erbsen mit Speck. Wir wurden bevorzugt, faßten unseren Schlag gleich nach Eitel-Friedrich, weil der doch mit meinem Vater Zigarre geraucht hatte. Die Kameraden umdrängten uns. „Was hat er gesagt?" wollten sie wissen. Mir ist entfallen, was mein Vater antwortete. Ich halte es auch für ein Gerücht, daß Eitel-Friedrich mich mit dem Finger am Kinn gekitzelt und gesagt haben soll: „Das wird einmal ein strammer Soldat."
Anschließend wurde die Kaserne besichtigt. Die kahlen Räume mit eisernen Stockbetten wirkten trostlos auf mich. Kasernen haben das nun einmal an sich. Ich konnte mir auch nicht vorstellen, wie hier „Reserve 1908" drei Jahre lang gehaust hatte, auf dem Hof angetreten in leuchtendblauen Litewkas.
Hier war nun alles grau, feldgrau. Die Stallungen waren in Remisen verwandelt für Zugmaschinen und Panzerabwehr-Geschütze. Kein Unteroffizier verlangte, daß die Reiter den Dreck von elf Striegeln auf den Zementboden klopften, als Beweis, daß ihr Pferd sauber war. Und niemand von den Veteranen erinnerte sich, wo der Apfelschimmel des Kesselpaukers gestanden hatte, eines Mr. Wilson, Schwarzer aus Togo oder Deutsch-Südwestafrika – Geschenk von Kolonialgeneral Lettow-Vorbeck an den Kaiser.
Mr. Wilson war der einzige Neger, den ich in meiner Kindheit gekannt hatte. Er wohnte unweit von uns, hatte bereits weiße Haare und verzehrte seine Rente. Auch im Sommer trug er einen Mantel. Er fror in unseren Breiten.
Hinter der Kaserne, zur Havel hin, gab es ein Schwimmbad. Mein Vater zeigte mir das Dreimeterbrett, von dem aus er Kopfsprünge absolviert hatte. Das imponierte mir. Und verwischte den Eindruck, daß er strammgestanden hatte. Da draußen vor dem Popanz in Husarenuniform.
Mein zweiter Eindruck von Potsdam war noch weitaus traditionellerer Art. Der alte Fritz nahm in unseren Schulbüchern ungewöhnlich viel Platz ein. Er zierte die

Umschläge von Kalendern und die Umschläge etlicher Jugendbücher, die ich, als Leseratte verschrien, geschenkt bekam. Wo er nicht drauf war, prangte Ziethen – „Joachim Hans von Ziethen, Husarengeneral". Die Ziethen-Husaren waren keine Leib-Garde-Husaren und rangierten deshalb bei uns in zweiter Linie. Immerhin kam „Ziethen aus dem Busch", gleich hinter König Fritz, und wir lauschten andächtig, wenn etwa jene Anekdote erzählt wurde, als beim Diner in Sanssouci dem Husarengeneral als einzigem kein Löffel gedeckt war und der König hinterlistig meinte: „Ein Hundsfott, wer nicht sofort seine Suppe löffelt."
Ziethen höhlte in aller Ruhe die Hälfte seines Brötchens aus und löffelte damit seinen Teller leer. Am Schluß blickte er in die Runde und sagte: „Ein Hundsfott, wer nicht sofort seinen Löffel frißt." Und verzehrte sein halbes Brötchen.
Fritz und Konsorten nahmen derart viel Platz ein, daß ich mich heute frage, wie noch Raum für anderes blieb. Für die Helden von siebzig-einundsiebzig und die von Weltkrieg eins zum Beispiel, für die Niederringer des Hottentotten-Aufstandes, für Karl May und Martin Luther und Friedrich Schiller.
Thomas Mann und ähnlich verdächtige Verfasser gefährlicher literarischer Machwerke waren abgeschafft, in den verbliebenen freien Raum wurden Dichter wie Walter Flex geschoben. Die Wildgänse rauschten, und ein Pionier stand um Mitternacht im Argonnerwald auf der Wacht. In der Potsdamer Garnisonkirche hingen die Fahnen siegreicher Regimenter, manche von Kugeln durchlöchert, von Friedrich bis Verdun.
Der große König blieb publicity-mäßig Sieger. Bei Herrn Habicht, der in seiner Laube Flaschenbier, Brause und Zigaretten verkaufte, erstanden wir die billigste Sorte: Schwarz-Weiß, vier Stück in der Packung. Aus Gewohnheit fragte Herr Habicht, für wen die Glimmstengel seien. Die Antwort wartete er nicht ab, er wußte, daß wir sie heimlich selber pafften. Vor allem aber, wenn auch uneingestanden, kam es uns auf die Bildchen an, die den Packungen beilagen, – Szenen aus dem Leben Friedrichs des Großen. Noch begehrter waren die größeren Bilder aus den größeren Packungen, die fand man leer auf den Plätzen der Zimmerleute, die unweit Siedlungshäuser bauten, und unter den Gerüsten der Maurer.
Da sahen wir König Fritz im Kreise seiner Vertrauten bei der Tafelrunde von Sanssouci. Auf einem anderen Bild spielte er die Flöte, prächtig beleuchtet vom Schein zahlloser Kerzen. Ein weiteres Bild zeigte ihn, wie er, mit wenigen Getreuen, ein noch von österreichischen, also feindlichen Offizieren okkupiertes Schloß in oder bei Lissa betrat und sie gefangennahm, indem er ihnen ein cooles „bon soir, messieurs!" entgegenschmetterte. Aber auch wie er den Panduren entkam, zeigte uns ein Bild. Der König, im blauen Rock, Windhund an der Seite, versteckte sich unter einem Brückchen, über das ahnungslos die wilde Pandurenhorde auf ihren Pferden dahingaloppierte.
Otto Gebühr verkörperte den König im Film, wir inhalierten die Streifen voller Heldenwonne; nachdem wir die Pat- und Patachon-Episode gemeistert hatten, wendeten wir uns der Schlacht bei Leuthen zu. „Nun danket alle Gott!" klang der Choral, auf dem Schlachtfeld gesungen, aus den miserablen Lautsprechern des Vorort-Kinos „Zeli".
Die Situation verdichtete sich. Kaum wurde ich für „kulturfähig" gehalten, schleiften Vater, Mutter, Oma, Onkel Albert, Tante Bertha mich nach Sanssouci. Mir ging es wie den meisten Kindern: In Erinnerung blieben mir vor allem die riesigen Filzpantoffeln, in denen wir durch die Räume des Knobelsdorff-Schlößchens schifften.

Draußen auf der oberen Terrasse war es heiß und staubig. Nur die Steinplatten in den Beeten imponierten noch, unter denen des Königs Windhunde begraben lagen. Auch die Windhunde kannte ich von den Zigarettenbildern. Und, am Fuß der Terrassen, die Wasserfontäne. Die war allerdings zu Fritzens Zeiten nie angesprungen, die Technik hatte versagt. Zwei Windmühlen sollten das Wasser ins Becken auf dem Ruinenberg pumpen. Ihre Kraft reichte nicht aus, und zudem glichen die frisch verlegten Blei- und Eisenrohre einer Mustersammlung für mögliche Fehler bei der Herstellung von Röhren.
Ein einziges Mal, im April 1754, als nach einem schneereichen Winter die Zisterne halbwegs gefüllt war, stieg für eine Stunde die kleine Fontäne vor der späteren Bildergalerie auf, die zu der Zeit noch ein Gewächshaus war. Der Rest der Wasserspiele funktionierte erst fast hundert Jahre später, als das in Form einer Moschee erstellte neue Maschinenhaus an der Havel in Betrieb genommen wurde: Eine Sehenswürdigkeit, die mir auch damals nicht vorenthalten wurde. Aber da ich nie eine Moschee abgebildet oder in Natura gesehen hatte, kam mir das Bauwerk völlig normal vor.
Der Alte Fritz in Sanssouci: Ein vorgestanztes Bild. „Fridericus Rex, unser König und Herr."
Heute, mit Abstand, sehe ich den Mann – sagen wir: zurechgerückt. Neben einer Person mit genialischen Zügen entsteht durchaus das Bild eines eigensinnigen Grattlers. Einer der gewaltigen Reize Potsdams, der seinen Ahnen, den Großen Kurfürsten, veranlaßt hatte, hier ein erstes einigermaßen bewohnbares Schloß zu bauen, focht Friedrich wenig an: Die einmalige Lage der Stadt in einer weiträumigen, aus Hügeln und Seen gebildeten Natur. Zwar hatte er sein Barockschloß oben auf der Spitze eines Weinbergs bauen lassen, mit Blick auf die – übrigens meistens in feinen Dunst gehüllte – Stadt, heute ohnehin nicht nachvollziehbar, da durch Hochhäuser verriegelt. Aber im Grunde neigte der Herr von Sanssouci dazu, sich zu verstecken.
Die Hauptachse des Parks, zu jenem Platz hin, an dem später das Neue Palais entstand, blockte er durch Kolonnaden ab, jenen im Park von Versailles nachempfunden. Sein chinesisches Teehaus fand man kaum im Dschungel des Rehgartens:
„Das bizarre Gebäude lag seit 1756 gänzlich versteckt im Boskett, und man konnte es nur auf engen, gewundenen Wegen erreichen", schreibt Clemens Alexander Wimmer in seinem Aufsatz über Brandenburgische Barockgärten. Unten am Kanal ließ Friedrich eine Taxushecke pflanzen, damit niemand ihm zuschaute, wenn er dort spazieren ging. Die Hecke glich einem Labyrinth.
Die Terrassen und ein beträchtlicher Teil des Parks dienten dem Anbau von Wein und Obst. Dreitausend Obstbäume wuchsen dort, nicht gezählt die Spalierbäume an den Terrassen, und die Gärtner züchteten über tausend Ananaspflanzen hinter Glas.
Ich bin überzeugt, daß mir diese Einzelheiten schon damals, bei unserem Besuch, von den Familienmitgliedern vermittelt wurden, denn erstens wußten sie fast alles über Sanssouci und den alten Fritz, und zudem waren sie alle im Nebenberuf leidenschaftliche Gärtner und Obstzüchter. Sie kannten jeden Baum, jeden Strauch, jede Pflanze in Wald und Flur und waren auf die Kataloge der Baumschule Späth abonniert.
Die Interessen lagen nicht weit auseinander, sie waren damals beim Alten Fritz und dann hier bei meiner Familie aufs Nächste gerichtet.
Eine typische Fritz-Anekdote illustriert diese „märkischen Um- und Zustände": Des Königs Leibkutscher hatte umgeworfen und war verdonnert worden, im Park Mist zu fahren. „Nun, wie gefällt ihm dies?" fragte der

König bei einem seiner Spaziergänge. Des Kutschers Antwort: „Mich is das egal, ob ich Mist fahre oder Euer Majestät."

Der frühere Schwung war hin, Potsdam glich einem vollgeräumten Wohnzimmer, in dem man nicht mehr treten konnte. Jene Weite, die einst den kurfürstlichen Ahnen gelockt hatte, war abhanden gekommen. Oder fast: Die axialen Verbindungen, Alleen und in die Landschaft geschlagenen Schneisen, ein Netzwerk von Köpenick über Berlin, Charlottenburg und Oranienburg bis zum Potsdamer Stadtschloß, blieben bestehen. Der große Kurfürst hatte die ersten Alleen anlegen lassen, durch einen holländischen „planteur", Dietrich de Langelaar.

Auf einer Karte, die Samuel de Suchodoletz 1683 erstellte, bilden sie bereits ein deutlich erkennbares Netz, das sich über die gesamte Karte breitet, ergänzt durch die Schneisen im sogenannten Großen Tiergarten, die sternförmig von einem Rondell ausgehen. Sie entstanden aus jagdlichen Überlegungen. Die Treiber durchkämmten ein Waldstück und trieben das Wild in eine Schneise, die durch Netze, Lappen oder Tücher begrenzt war. „Durch die Lappen gehen" – der Ausdruck erinnert an jene Jagdmethode.

Der Alte Fritz unterhielt nur einen Fasanengarten bei Sanssouci, er war kein Jäger, und das Fasanenrevier war zur Erbauung seines Freundes Kayserling gedacht. Als der starb, wurde das Gehege aufgelassen.

Dennoch verdanken wir die Schneisen im Berliner Grunewald, bei Paulsborn sternförmig zusammenlaufend, anscheinend der Initiative Friedrichs, und auch die Forst-Einteilung in Rechtecke, in Jagen, soll unter seiner Ägide entstanden sein. Aus praktischen Gründen ließ er schließlich quer durch die sogenannte Heide – was in der Mark durchaus dichter Wald bedeuten kann – seine allerpersönlichste Schneise schlagen: den Königsweg.

Diese schnurgerade Sandweg-Verbindung zwischen Berlin-Zehlendorf und Potsdam existiert noch. Als ich Kind war, wohnten wir nahebei, im drittletzten Haus von Berlin. Von hier bis zum Griebnitzsee kam nichts, außer eben dieser Schneise durch die Wälder. Ein Abenteuerspielplatz ohnegleichen. Hier sagten sich wirklich Hase und Fuchs gute Nacht. Da der Weg später direkt am Grenzzaun zur DDR entlanglief und irgendwo in ebendiesem Grenzzaun endete, mochte ihn vier Jahrzehnte lang niemand so recht benutzen. So sieht der Königsweg heute noch aus wie damals, als Potsdam nahe war wie neuerdings wieder.

In Zehlendorf übriges, beim Pasewaldtschen Ausspann, wurden die Pferde gewechselt. Auch Voltaire, auf seiner Reise zum König, der sich gerne „Philosoph von Sanssouci" titulieren ließ, machte bei Pasewaldt Station. Die Zehlendorfer begafften den Fremden mit seiner Allonge-Perücke und sagten: „Kiek mool, de Aap." – „Guck mal, der Affe."

Überflüssig zu erwähnen, daß diese Geschichte in meinem Lesebuch stand. Die Tatsache läßt darauf schließen, in welcher Zeit ich aufwuchs.

Diese Alleen und Schneisen blieben also erhalten und wurden sogar, wie wir gesehen haben, erweitert, entgegen der Mode der damaligen High Society, sich in ihre Barockgärtchen mit den Hecken und den schnuckeligen Blumenrabatten zurückzuziehen. Von Versailles bis Monbijou – und weiter bis in den tiefsten Osten – sah das ähnlich aus. In Caputh, wo die Kurfürstin residierte, entstand so ein Garten, und per Schiff fuhr man zu anderen Lustschlössern und Gärten, etwa ins zierliche Pavillon-Schloß Bornim, von dem es erstaunlicherweise keine Spur mehr gibt. Dort funktionierten anscheinend schon im 17. Jahrhundert die Wasserspiele, im Gegensatz zu Sanssouci, und eine Wasser-Orgel war die Sensation. Der

Soldatenkönig ließ das alles abreißen, die Ziegelsteine des Lustschlosses wurden für einen Amtshaus-Neubau verwendet.

Unversehens sind wir aufs Thema Wasserwege gekommen. Des Kurfürsten Leidenschaft für's Schifferlfahren mag wohl dazu beigetragen haben, sich in Potsdam festzusetzen. Er besaß eine prächtige Yacht. Bei Wind wurde gesegelt, sonst getreidelt, mit Pferden oder auch mal mit Soldaten. Nicht abwegig ist, sich die Havelseen von damals mit Schiffen belebt vorzustellen. So man Zeit hatte, war die Reise zu Wasser den Kutschfahrten über löcherige Sandwege vorzuziehen.
Das Schiffefahren wurde bei den Hohenzollern zur Tradition. Erst unter Friedrichs Vater, dem Soldatenkönig, erfuhr sie eine Unterbrechung. Er verschenkte die geerbte Luxusyacht flugs an den Zaren. Der Zar revanchierte sich mit der Lieferung von – ich glaube fünfzig – Langen Kerls. Auch vom Alten Fritz ist Leidenschaft fürs Wasser nicht überliefert. Erst sein Neffe und Nachfolger ankerte wieder mit einer Barke vor dem Pavillon, in dem er seine Mätresse, die Stabstrompetertochter Wilhelmine Enke untergebracht hatte. Wasserwege also, als zweites Netz. Friedrich ließ Moraste trocken legen und Kanäle graben, die dem Transport von Holz, Torf und allerlei Waren dienten. Später konnte man Kanal-Abschnitte pachten und durch Erheben von Gebühren reich werden – oder alles verlieren, wie der Neuruppiner Kaufmann Gentz, der zu spät ins Torftransport-Geschäft einstieg.
In meiner Jugend gab es noch den „Äppelkahn". Obst wurde zu Wasser von Werder herantransportiert und von den Kähnen weg verkauft, die beim Zirkus Busch in der Berliner Innenstadt festmachten. Die Leidenschaft fürs Schiff-Fahren war allen Berlinern zueigen, die ich kannte, und das hat sich bis heute kaum geändert. Mit dem Stichwort „Dampferpartie" kann man fast jeden Terminkalender außer Kraft setzen.
Ich gebe zu, daß die Vorliebe für Dampferpartien bei mir besonders stark entwickelt ist. Einmal erbte ich eine größere Summe, von der aber aufgrund erhöhter Wachsamkeit des Steueramtes wenig übrig blieb. Der Rechtsanwalt, der mich vertrat, und ich beschlossen, uns vom Restgeld eine Dampferpartie zu leisten. Wir taten es – und haben uns köstlich amüsiert.
Vor dem Krieg, als ich klein war, verging kein Sommer, in dem wir nicht wenigstens eine Dampferfahrt machten. Neben Werder war Potsdam ein bevorzugtes Ziel. Das Havelufer mit Kasernenrückseiten, Hinterhöfen und Kohlenhaufen bot, soweit ich mich erinnern kann, immer ein abschreckendes Bild. Warum das so war und so ist, kann mir niemand sagen. Denkbar wäre doch gewesen, daß die Stadt sich irgendwann zum Fluß hin geöffnet hätte, mit Landungsstegen, Restaurants, Promenaden und Caféterrassen. Aber nein, hier zeigt sie ihr griesgrämigstes Gesicht. Und es sieht nicht so aus, als ob sich daran viel ändern wird.
Trotzdem war ich, gleich nach der Wende, an Bord eines der ersten Schiffe zu finden, die von Wannsee nach Potsdam fuhren. In Nikolskoe die Peter- und Paul-Kirche lag immer noch wie eine Kulisse aus einem Märchen auf der Anhöhe, und mir fiel ein, daß einst der landschaftsgestalterisch eher zurückhaltende Friedrich Wilhelm III, bekannt als „Ehemann von Königin Luise", an Bord eines Schiffleins eben diesen Standort für die Kirche ausgesucht hatte.
Auf jedem Dampfer fährt einer mit, der alles weiß. „Meiner", durch Elbsegler-Mütze legitimiert, behauptete, 1945 hätten vor der Kirche verstreut die aus den Sarkophagen gerissenen Gebeine der Preußen-Prinzen „Dreilinden-Carl" und „Düppel-Friedrich-Carl" – er nannte

sie wirklich so – herumgelegen. Er persönlich habe die Knochen eingesammelt und sie wieder beigesetzt: „Nun leider gemischt“.
Habe ich versäumt, die Bekanntschaft mit einem bedeutenden Märchen-Erzähler zu vertiefen? Seine Geschichte, erfuhr ich später, hat einen realen Kern.
Am Ufer sitzen auf Pfählen Silberreiher, sie sind wieder heimisch geworden, und die vorbeifahrenden Schiffe und Boote genieren sie nicht. Überdies dienen die Schilfgürtel nicht mehr wie einst knutschenden Paddelbootpaaren als Versteck, da sind die Naturschützer davor. Schade. Es war ganz angenehm. Bis auf die Mücken.

Ganz vorne stehen und sehen wie die Bugwelle schäumt und dann zurückschauen und erleben, wie die kleinen Boote mit der Heckwelle fertig werden, die unser Dampfer verursacht. Das Schiff ist vollgestopft mit Schulkindern, wie ich es bin. Jedes Kind hat einen Turnbeutel dabei. Meiner enthält, wie alle Beutel der Jungen aus der Berliner Schadow-Schule, neben den Turnschuhen eine grüne Turnhose und ein Leibchen, halb grün, halb weiß. Das sind die Farben unserer Schule. Gleich wird unser Kapitän die Dampfpfeife betätigen, dann legen wir an.
Unser Ziel: Das Potsdamer Zeppelinstadion. Die Sportstätte wurde auf dem Gelände des ehemaligen Luftschiffhafens errichtet. Noch war die „Hindenburg“ nicht in Lakehurst in Flammen aufgegangen; jedoch hatte das Luftschiff seine einstige Attraktivität verloren. Selbst mein Vater sparte sich seinen Standard-Witz: „Im Weltkrieg wird über London ein deutsches Luftschiff abgeschossen. Es geht in Flammen auf und stürzt ab. Letzte Durchsage des Kommandanten über Bordsprechanlage: ‚Es darf geraucht werden.‘ “
Wie oft war unser pflichtschuldiges Gelächter ertönt? Jetzt und hier, auf dem Zeppelin-Sportfeld, gab es für uns zwei- oder dreitausend Schüler nichts zu lachen. Streng, mit preußischer Disziplin eingeübt, mußten wir Gymnastik-Figuren absolvieren, von jener Exaktheit, die Leni Riefenstahl später in ihren Filmen festhielt. Wir befanden uns im Vorfeld von Olympia 1936.
Massenveranstaltungen waren Mode geworden. Bevor wir Oberschüler unsere mageren Ärmchen schwangen und durch festgelegte Drehungen mal unsere weiße, mal unsere grüne Seite zeigten, traten BDM-Mädchen mit Rhönrädern auf, einem inzwischen abhandengekommenen Sportgerät. In rhythmischen Schwingungen kurbelten sie über das Grün des Sportrasens.
Prominenz sah uns von der Bühne her zu. Ich glaube, der Reichssportführer Tschammer-Osten war anwesend. Der Alte Fritz wurde, mengenmäßig, von den neuen Größen in Partei-Uniform zurückgedrängt.
Am Schluß standen wir mit erhobenem Arm, zwei Lieder lang: „Deutschland über alles“ und „Die Fahne hoch“. Dann wurden wir zurück aufs Schiff geführt.
Schulfreund Günter hatte zwar eine Piepsstimme, aber er war der Kleinste und Leichteste. So wurde er Steuermann in unserem Vierer, als wir per Ruderboot die Havel erforschten, im Rahmen jener Wertschätzung, die der Sport nun auf sich zog. Günters mangelnder Stimmkraft halfen wir ab, indem wir ihm eine Flüstertüte, Megaphon genannt, besorgten. Mit Hilfe dieses Gerätes gab er die Schlagfolge an.
Er war ein begabter Steuermann; wir verschenkten so gut wie nichts, wenn wir im spitzen Winkel die Heckwellen der großen Pötte schnitten. Doch blieben unsere landschaftlichen Entdeckungen bei den Fahrten, die vom Ruderheim am Kleinen Wannsee ausgingen, minimal.
Was ist da an Erinnerung? Pfaueninsel, Sakrow, Glienicker Brücke und Schloß Babelsberg? Ich erinnere mich nur an den Nacken des Vordermannes und, an seinem

linken oder rechten Ohr vorbeischauend, an den runden Schlund der Flüstertüte vor Günters Mund.
Potsdam? Wie weit das auf einmal weg war!
Während ich dies schreibe, merke ich, daß wir uns gegen Empfindungen, gegen Gefühle zu wehren begannen. Uniformierung tötete die Fähigkeit zu sehen, Bilder aufzunehmen. Die alten Husaren wehrten sich ebenfalls, indem sie ihre Kyffhäuser-Abzeichen vom Revers nestelten und die Beitragszahlungen einstellten. Die meisten verhielten sich a-faschistisch. Zum Antifaschismus reichte es nicht.
Zu alten Kameraden wurde ich manchmal vom Vater mitgenommen, ihre Namen waren auf dem Husarenkrug – fast hätte ich gesagt: Verewigt. Aber er zerbrach, der Krug, und die alten Husaren sind längst tot. Damals wurde deutlich: Ihre Zeit war vorbei.
Und auch Potsdam, wie wir es kannten, wie es in unserer Vorstellung lebte, gab es eigentlich nicht mehr. Die Bomben vom April 1945 vollzogen, was längst geschehen war: Das feudale, das Hohenzollernsche Potsdam war ausgelöscht. Reichspräsident Hindenburg, zwar beim Tag von Potsdam Gallionsfigur für die Verweser des Dritten Reiches, verlegte den Heldenschauplatz in den Osten, nach Tannenberg, wo er einst Sieger war in einer gewaltigen Schlacht gegen „den" Russen.
Wenn sie aber dasaßen und politisierten, der Vater, Onkel Albert, Nachbar Hirsch, der bekanntermaßen Kommunist war, kam die Großmutter herein und sagte: „Was ist? Wolltet ihr nicht den neuen Karnickelstall zusammennageln?"
Die Männer standen auf, jeder schnappte sich noch eine Bierflasche, die im Emaille-Eimer mit Pumpenwasser kaltgestellt war. Onkel Albert schnalzte mit seinem Hosenträger und meinte:
„Wird schon schiefjehen mit dem Jefreiten aus Braunau."

Nicht nur der Königsweg und die Wasserstraßen verbanden Potsdam und Berlin. Im Jahr 1838 war die Eisenbahn dazugekommen, die zweite in Deutschland nach der Nürnberg-Fürther. Borsig mit seiner Eisengießerei erkannte die Zeichen der Zeit und stellte sich auf Lokomotivenbau um.
Neu war auch, daß fortan Aktiengesellschaften den Bau der Bahnen finanzierten, obwohl sich der Fortschrittsglaube in Grenzen hielt. Wenn in unseren Tagen Sprecher von Bürgerinitiativen behaupten, Windmühlenparks würden die Gesundheit der Anwohner gefährden, fühlt man sich an die Prognosen erinnert, die damals das neue Schienen-Verkehrsmittel betreffend en vogue waren.
Der Mensch, hieß es etwa, könne Geschwindigkeiten über zwanzig Stundenkilometer nicht aushalten. Es wundert nicht, daß Majestät, inzwischen Witwer von Königin Luise, sich weigerte, an der Eröffnungsfahrt teilzunehmen. „Kann mir keine große Seligkeit davon versprechen, ein paar Stunden früher von Berlin in Potsdam zu sein", stammelte der Gehemmte in jenem abgehackten Offizierscasinodeutsch, das inzwischen von allen Garde-du-Corps-Leutnants nachgeahmt wurde.
Zuerst, am 21. September 1838, dampfte der Zug vom Potsdamer Bahnhof in Berlin nur bis Zehlendorf. Am 29. Oktober wurde dann die durchgehende, 26 Kilometer lange Strecke bis Potsdam eröffnet. Sie endete dort in einem Kopfbahnhof, der in seiner Anlage noch heute als S-Bahn-Endstation vorhanden ist. Niemand konnte sich damals vorstellen, daß die Strecke einmal weitergebaut würde.
Neulich sagte die fünfzehnjährige Tochter eines Bekannten: „Ich bin noch nie in New York gewesen." Wir wohnten, als ich Kind war, nicht nur am Königsweg, sondern auch nahe der „Stammbahn". Ich hätte in ihrem Alter sagen können: „Ich bin noch nie in Hannover gewesen."

Gut und Kirche, Bornstedt

Oder auch nur in Magdeburg.
Wir standen an den Bahnschranken von Bude 17 oder 18, Übergänge, die zum Königsweg hinführten, und sahen die Fernzüge vorbeidonnern. Die Dampflok-Heizer legten in diesem Abschnitt Feuerung nach, und eine rote Waberlohe quoll aus den Schornsteinen. Obwohl unser Haus, eben jenes drittletzte von Berlin, in gebührendem Abstand von der Strecke errichtet worden war, ging doch jedesmal die Tür vom Kachelofen auf, wenn ein Zug vorbeirauschte, und die Großmutter sagte dann: „Daß mich bloß keine Jlut auf den Teppich fällt."

Die 1846 brutal durch den südlichen Stadtbereich Potsdams und die Brandenburger Vorstadt weitergebaute Fernbahntrasse führte unweit des Neuen Palais vorbei. Es bot sich an, dort einen Haltepunkt einzurichten, zwecks gefälliger Bedienung der zuweilen im Palais logierenden Majestäten, Prinzen und hoher Gäste sowie schließlich des Personals, das, mit Forst- und Jagdhegern des Wildparks und den Insassen der gleichfalls nahen Gartenbauschule, etliche hundert Köpfe zählte.
Der Bahnhof „Wildpark" entstand, vorerst ein Haltepunkt mit Fachwerk-Häuschen und holzüberdachtem Bahnsteig-Stück. Eine breite Allee führte, auf der Trasse des zugeschütteten Fasanerie-Grabens, vom Schloß zur Bahn. Später wurde der Bahndamm aufgeschüttet, und der idyllische Haltepunkt plusterte sich zum „Kaiserbahnhof" auf, mit einer üppigen Eisenkonstruktion als Bahnhofshalle und protzigen Sandstein-Fassaden.
Diese Bauten ersetzten eine Interims-Idylle, die bis 1868 oder 69 bestand, ein Empfangsgebäude im beliebten potsdam-italienischen Villenstil mit berühmter Bahnhofswirtschaft. Lenné hatte die gärtnerische Gestaltung der Anlagen übernommen, und im Bahnhof war eigens eine Wohnung für den Landschaftsgärtner eingerichtet.
Der Kronprinz, nachmals als Neunundneunzig-Tage-Kaiser bekannt, wohnte im Neuen Palais und erwartete Üppigeres: Eine gußeiserne Hallenkonstruktion überwölbte bald den Bahnsteig. Die Italienidylle verschwand.
Die heute erhaltene, etwas heruntergekommene Version stammt von dem berühmten Architekten Ernst Eberhard von Ihne. Wilhelm II. benutzte den „Kaiserbahnhof" offiziell ab 1909.
Ihne war für mich Vorstadt-Göhre berühmt, weil eine Straße nach ihm benannt war. Der Autobus T, den wir an der U-Bahn-Station „Oscar-Helene-Heim" bestiegen, um nach Zehlendorf zu gelangen, hatte dort eine Haltestelle. Der Schaffner rief langgezogen „Iiihne-Straße..." und vergaß nie, die an der Haltestelle Versammelten mit dem Zuruf zu warnen: „Vorsicht! Der Wagen – rutscht!" Soviel über Ihne, den Rest kann man ja im Lexikon nachschlagen. Gewiß ist, daß Wilhelm II. diesem Oberhofbaumeister in Wildpark ins Handwerk pfuschte. Englischer „Cottage"-Stil und hübsche Ziertürmchen verraten den Geschmack von S. M. Hier empfing er den Zaren und andere hohe Persönlichkeiten. Hier hielten schließlich 1921, als das Kaiserreich längst Republik geworden war, Sonderzüge, die aus aller Welt Trauergäste ankarrten, als die verstorbene Ex-Kaiserin Auguste Viktoria in Potsdam beigesetzt wurde.
Nach 1945 hielt in „Wildpark" der „Blaue Express" aus Moskau. In den fünfziger Jahren baute die DDR-eigene Reichsbahn – so hieß sie erstaunlicherweise immer noch – eine aufwendige Strecken-Umleitung um das „imperialistische" Westberlin. Der neue Potsdamer Hauptbahnhof entstand jenseits des Templiner Sees im südlichen Zipfel der früheren Pirschheide. Ein nicht sehr hübscher Bahndamm durchschneidet immer noch den See.
Bahnhof „Wildpark", als „Kaiserbahnhof" von den neuen Machthabern verachtet, zerbröselte. Der gelernte Dach-

decker Honecker sah nicht ein, daß man das Schieferdach des Monsterbaus retten müsse. Als nach der Wende noch einmal, in genialer Epochenverschleppung, ein „großer Bahnhof" anlag, mußte die gerade noch zuständige Reichsbahn das Bauwerk durch die Firma „Peiniger" mit einer Plastikplane verhüllen, um der bevorstehenden Aktion gewachsen zu sein, auf tiefstmöglicher technischer Basis.

Die Vorgeschichte, diesen „großen Bahnhof" vom 17. August 1991 betreffend, beginnt 1752. Da bestimmte der Alte Fritz in seinem Testament: „Man bringe mich beim Schein einer Laterne, und ohne daß mir jemand folgt, nach Sanssouci und bestatte mich dort ganz schlicht auf der Höhe der Terrasse, rechterhand, wenn man hinaufsteigt, in einer Gruft, die ich mir habe herrichten lassen."

Er lebte noch drei Jahrzehnte, der Philosoph von Sanssouci und Potsdams Star Nummer eins bis auf unsere Tage. In einem weiteren Testament von 1769 wiederholte Friedrich sinngemäß seine Anordnungen. Als er tot war, hatten seine Erben mit den „odeurs" zu tun. Im Schloß stank es, das Schlafzimmer wurde kurzerhand klassizistisch überbaut. In der Gruft stank es auch wegen der unmittelbar danebengelegenen Hundegräber. Aus praktischer Erwägung und schließlich aus Staatsräson wurde Friedrich in der Gruft der Garnisonkirche beigesetzt, neben dem Sarkophag seines Vaters, des Soldatenkönigs.

Sie bekamen ab und zu hohen Besuch. Napoleon schaute 1807 herein und ließ Fritzens Säbel mitgehen, der auf dem Sarkophag lag. Auch der Führer, 1933, befleißigte sich, der Gruft einen Besuch abzustatten: Tag von Potsdam.

Als gegen Ende des Zweiten Weltkriegs die Front näherrückte, ließen Hitler und Göring die Sarkophage in einen Luftschutzkeller bringen. Von dort reisten sie in ein Kalibergwerk bei Bernterode, Thüringen. Eine spätere Öffnung des Fritz-Sarges soll den teilweise mumifizierten König mit gebrochener Nase gezeigt haben. Unfall-Folge, eingetreten beim schwierigen Abseilen der Sarkophage in die engen Schächte auf 563 Meter Tiefe.

Nach der Kapitulation räumten die Amerikaner Thüringen. Die Särge nahmen sie mit. 1946 wurden sie in der Gruft der Marburger Elisabethkirche beigesetzt, dort aber sechs Jahre später abgeholt und auf die Hohenzollernburg Hechingen gebracht. Das Haus Hohenzollern – Leitung damals: Prinz Louis Ferdinand – kündigte an: „An dem Tag, wenn Deutschland in Freiheit wieder vereinigt ist, werden – so Gott will – die sterblichen Überreste der beiden Preußenkönige nach Potsdam zurückkehren."

So geschah es, zum Erstaunen der meisten. Ein zusammengestoppelter sogenannter historischer Zug fuhr in „Wildpark" ein. Die schweren Sarkophage, mit schwarzweißen Preußenflaggen eingehüllt, wurden aus dem Packwagen gezerrt und nach Sanssouci gefahren. Der Soldaten-Fan-Club „Lange Kerls" hatte schon Tage vorher den Parademarsch eingeübt. Prinz Louis Ferdinand und Kanzler Kohl trafen aufeinander. Am Bahnhof gab es Rex-Pils im Festkarton für DM 11,90. Vater Soldatenkönig wurde ins Friedenskirche-Mausoleum am Eingang vom Sanssouci-Park gebracht. Falls die Garnisonkirche nicht etwa wiederaufgebaut wird, bleibt er dort. Fritz bezog zu mitternächtlicher Stunde die wiederhergerichtete Gruft, oben auf der Terrasse neben den Hunden, die wohl nach zweihundert Jahren keinen Gestank mehr verbreiteten. Die bewährte Berliner Bestattungsfirma „Grieneisen" nahm sich dieses Sonderfalles an.

Am Wildpark-Bahnhof wächst ein bißchen wilder Wein – letzte Spur jener Pflanzungen, die Lenné hier anlegte und die Teil des grandiosen Versuchs gewesen sind, aus Potsdam und Umgebung ein einmaliges Gesamtkunstwerk zu gestalten.

Die Kaiserbahnhof-Episode scheint mir erzählenswert aus mehreren Gründen. Noch einmal läßt sich anhand der Umtopfungs-Feierlichkeiten für Friedrich II. und seinem Vater nachweisen, daß die Wildentschlossenen nicht aussterben, die sogar das gegenwärtige und zukünftige Potsdam als Garnisonstadt-Ableger sehen wollen: Ein permanenter Husarentag. Immerhin handelt es sich inzwischen um eine Minderheit. Würde die Minderheit sich die Mühe machen, bis zum Großen Kurfürsten zurückzudenken, so würden ihre Mitglieder ersehen, daß Potsdam als eine zwar auf einer Insel gelegene, aber durchaus offene Stadt gedacht war, eingebettet in die wunderbare Natur der Havellandschaft.
Von jenem gedanklichen Ausgangspunkt würde eine gerade Linie zu Lenné führen, dem genialen Landschaftsarchitekten. Lennés Potsdam-Bild liegt in der Tradition der Auffassung des Großen Kurfürsten, sie war Potsdams Chance.
Wir können uns heute entscheiden: Für eine zugepflasterte Garnison-Nachfolge-Stadt oder für eine Landschaft-Stadt im Sinne der Kurfürsten und Lennés.
Wieviel Kraftaufwand für die zweite Lösung nötig sein wird, illustriert unsere erste Spurensuche Lennéscher Tätigkeit. Könnte nicht, in Wildpark, ein bißchen mehr von seinen Schöpfungen übrig sein als ein paar Ranken wilden Weins?

Zweiter Grund, sich mit den Potsdamer Bahnanlagen zu beschäftigen, sind meine Erfahrungen, die „Stammbahn" betreffend. An einem kühlen Herbstmorgen des Jahres 1938 standen wir, ein Grüppchen Frierender, auf einer Wiese beim Gut Düppel. Es ist eben jene Wiese, die heute das Museumsdorf trägt.
1938 war dort nichts. Dafür liefen aber am Rand des Feldes die Gleise der Stammbahn, die heute verschwunden sind. Und auf diesen Gleisen schnaufte originalgetreu jener Zug heran, der hundert Jahre vorher zum ersten Mal von Berlin nach Potsdam gedampft war. Dem langen Schornstein entstiegen dicke Rauchwolken. Der Lokomotivführer trug einen Zylinder. Von den offenen Waggons winkte uns kostümiertes Volk zu, etwa drei Minuten lang. Gemächlich verschwand der Zug in Richtung Kleinmachnow.
An der Geschichte der Stammbahn ließen sich hundert Jahre Zeitgeschichte exemplarisch darstellen. Die ersten Stichworte wären: Industrieller Optimismus, bescheidener preußischer Größenwahn, Hoffnung auf Erschließung dieser einsamen Sandwüste, Hauptstadt-Glücksahnungen, Idylle-Zerstörung.
In der Tat war die Epoche, in der bei uns die Ofentür aufsprang, nur noch am Rand idyllisch: Insofern, als sich auf eisenbahnfiskalischem Gelände ein Streifen Laubenkolonie ausbreitete, der heute noch existiert. Die Urzelle, jetzt im schicken Bungalow-Stil der neunziger Jahre, bildet immer noch „Habichts Laube", wo wir die Zigaretten für frühe Rauchversuche erstanden und die Fritz-Bildchen fledderten.
Im Krieg, als uns die Feuerung für unsere Kochmaschine ausging, führte ein Flirt meiner Mutter mit dem Lokführer des Zehn-Uhr-Zuges dazu, daß der Mann regelmäßig ein paar Steinkohlebrocken abwarf.
Nach dem Waffenstillstand demontierten die Sieger einen Teil der Gleise. Der Fernverkehr wurde eingestellt. Am S-Bahnhof „Düppel", eine Installation für die neue Nahverbindung von Berlin nach Kleinmachnow auf der ehemaligen Fernbahn-Trasse, entstand ein schwarzer Markt,

der von Displaced Persons, hauptsächlich Ukrainern, beschickt wurde.
Später entstand der DDR-Grenzzaun mit eindrucksvollem Wachturm in Bahnhofsnähe. Die Strecke wurde wieder einmal demontiert, diesmal vollständig. Grenzer richteten ihre Ferngläser auf die wenigen Neugierigen, die bei Schönwetter im Gelände umherkrochen und sich, in den Augen des entsprechend geschulten Wachpersonals, verdächtig machten. Die Achse Berlin-Potsdam bestand nicht mehr. Ein Teil der Trasse wurde als Spazierweg eingerichtet. Als in den Achtziger Jahren die Fernseh-Serie „Molle mit Korn" nach meinem Berlin-Roman gedreht wurde, krochen der Regisseur und ich auf Spurensuche durch dichtes Haselnußgebüsch, das jene Stelle überwucherte, auf der einst der Bahnhof Düppel gestanden hatte. Von den Schrankenwärterhäuschen „Bude 17" und „Bude 18" entdeckten wir nicht einen Stein mehr.
Die Spuren hundertjähriger Eisenbahngeschichte waren ausgelöscht. Und zugleich war ein Zeichen gesetzt, daß die Symbiose zwischen Hauptstadt und Residenzstadt, zwischen Berlin und Potsdam nicht mehr existierte. Vollzogen, auch technisch, war nun, was 1918 geschehen war. Preußens Ende war besiegelt. Wie unsere Freundin Barbara sagt: „Vorläufig endgültig." Sie ist Potsdamerin. Mit Leib und Seele.

Landschaft zwischen Bornstedt und Nedlitz

Nedlitzer Landschaft mit Kirchberg

Bornimer Landschaft

Bornstedter See und Orangerie im Park Sanssouci

Bornstedt

Sicht vom Kiewitt über Planitz (links) und Tornow (rechts) zum Brauhausberg

Berliner Vorstadt, Tiefer See und Babelsberger Park

Über das alte Gaswerk hinweg, Sicht zum Tiefen See, nach Glienicke

Vom Tiefen See hinüber in die Stadt mit altem Gaswerk und St. Peter und Paul Kirche

Vom Brauhausberg zum Küssel nach Hermannswerder

Sicht vom Kiewitt auf die Stadt

Vom Kiewitt über Tornow und Küssel zum Brauhausberg

Vom Brauhausberg Sicht nach Hermannswerder (rechts) und zum Templiner See (links)

Stadtlandschaft an der Neustädter Bucht

Sicht aus dem Glienicker Park nach Potsdam

Von der Glienicker Brücke zum Zentrum Ost und Brauhausberg

Vom Babelsberger Park hinüber zur Nikolaikirche

Nikolaikirche, Altes Rathaus und Pfingstberg

St. Peter und Paul Kirche, Schloß und Parkanlagen von Sanssouci

Berliner Vorstadt

Nauener Vorstadt und Pfingstberg

Vom Caputher Krähenberg der Blick nach Potsdam

Kiewitt und Erlöser-Kirche

Sicht vom Mühlenberg auf die Stadt

EIN BISSCHEN HISTORIE, NEU ANGEPINSELT

Wir haben mehr oder weniger versteckt angedeutet, worauf wir hinauswollen: Auf die Chance, ein Potsdam zu erleben, das Funktion und Einheit mit der Natur ringsherum bildet, mit dem Havelland. Gesehen haben wir, daß es auf dem Weg dahin zugeht wie auf der Echternacher Springprozession:
Fünf Schritte vor, zwei Schritte zurück.
Die sogenannte Wende legt nahe, Potsdamer Geschichte unter neuen Perspektiven zu betrachten. Hochachtung ist im Augenblick nicht vorgeschrieben. Sieht mittlerweile nicht manches ein bißchen anders aus?
„Wo aber fängt die Geschichte an?" fragte der Alte Fritz den geistreichen Herrn v. Dohm. „Sire", antwortete der, „da, wo das Reich der Fabel aufhört."
Eine klare Antwort. In der Realität sind allerdings, wie wir sehen werden, die Grenzen zwischen Fabel und Historie ungemein fließend – was einen starken Reiz bedeutet für unser Vorhaben, ein Garn zu spinnen.
„Oft wird, nicht mit Unrecht, ein Anathem über die Sucht, die Bedeutung der Ortsnamen zu erforschen, ausgesprochen", meint Freiherr von Zedlitz in seinem „Conversations-Handbuch" von 1834. Er fährt fort: „...fast immer verliert sich der Forscher, angezogen vom Reiz des Wunderbaren, von der Bahn der Geschichte, und statt der Wahrheit leuchtet ihm der Abglanz eines Irrlichtes – der zitternde, zweifelhafte Schein der Sagen und Märchen."
Den Ursprung des Namens Potsdam meint Zedlitz allerdings genau zu kennen: „Viel deutlicher (als der Ursprung des Namens Berlin) spricht sich der Name und Ursprung von Potsdam aus, das zuerst Pozdupine genannt wurde, und soviel bedeutet, als unter den Eichen gelegen. Diese ehrwürdigen Bäume beschatteten damals die Hütten armseliger Fischer, und noch jetzt umkränzen waldige Höhen die Paläste, die sich am breiten, blauen Spiegel der Havel erheben."
So haben wir's in der Schule gelernt. Allerdings waren die Eichen damals so ehrwürdig nicht, die stolzen Bäume, deren Laub jüngst zur Veredelung von Ritterkreuzen diente, sind spätere Importware.
Ursprünglich haben wir uns hier eine Art von Krüppeleichen vorzustellen. Und mit der Ableitung des Namens Potsdam hapert es auch; eine neuere Version legt uns nahe, daran zu glauben, daß Poztupimi von einem slawischen Personennamen abgeleitet sei, entweder Postopim oder Podstapim.
Hier ist immer nichts. Die Germanen-Stämme waren bereits im vierten und fünften Jahrhundert aus dieser morastigen, unwirtlichen Gegend abgezogen. Slawen-Clans sickerten ein, bis etwa zu jener Grenze, die dann durch die Nuthe-Burgen markiert wurden, zu denen vielleicht der Potsdamer Burgwall gehörte.
Ein Vorgang, der wiederum Jahrhunderte in Anspruch nahm. Manch ein neuer Herr mag sich aus den wenigen zurückgebliebenen Germanentrüppchen einen blonden Butler organisiert haben. Herr Podstapim und sein Knecht? Durchaus denkbar.
Jüngst haben wir „Tausend Jahre Potsdam" gefeiert. Eher zufällig erscheint, wann und wie Potsdam ausgezeichnet wird, indem ein Strahl geschichtlichen Lichts auf die Havelinsel fällt: Am 9. Juli 993, besagt eine Urkunde, schenkte Kaiser Otto III. seiner Tante Prinzessin Mathilde die Orte Poztupimi und Geleti, das ist Geltow.
Mathilde, eine Schwester von Ottos Vater, war Äbtissin in Quedlinburg und von daher mit Angelegenheiten, die den ostelbischen Kolonisationsraum betrafen, gewiß vertraut. Aber Potsdam und Geltow? Zwei Dörfer inmitten einer Seen- und Moorlandschaft?
Wir hören denn auch nichts Neues aus der Gegend, bis gut hundert Jahre später ein die Havel betreffender Fi-

scherei-Vertrag zwischen Berlin und Potsdam abgeschlossen worden sein soll.
Möglicherweise stimmt das. 1317 dann bekam Kloster Lehnin von Markgraf Woldemar die Fischereirechte von der Potsdamer Brücke bis zum Schwielowsee übereignet. Auch bei einer weiteren uns bekannten Urkunde, 1451 in der Kanzlei von Kurfürst Friedrich II. ausgestellt, geht es um Fischereirechte: Eine Vereinbarung wurde mit Herrn von Stechow, Herr auf Fahrland, wegen „der kleinen Fischerei und den großen Garnen" getroffen. Potsdam immerhin nannte sich Stadt, seit etwa 1300.
Einiger vorhandener Eigentumsurkunden zum Trotz galten die ostelbischen Gebiete als eine Art Niemandsland, der willkürlichen Bereicherung dieses oder jenes Fürsten dienend. Eine Rechtsunsicherheit, wie sie wohl jedem frühen Kolonialstatus adäquat ist. Denn um Kolonialland handelte es sich hier, dem Zugriff früher Wessi-Haie ausgesetzt.
Der jeweilige Kaiser ließ den Landnehmern freien Spielraum, sie nahmen ihm die Arbeit ab. So wurde Potsdam Anfang des 14. Jahrhunderts von Herzog Rudolph von Sachsen „erobert". Für 160 Mark – damals immerhin eine Menge mehr wert als heute – soll er Stadt und Insel an das Domstift Brandenburg verpfändet haben.
Inzwischen hatten die Wittelsbacher in der Gegend das Sagen, allerdings machten sie wenig Gebrauch davon. Ludwig der Bayer löste das Potsdam-Pfand wieder aus.
Immerhin fragte man sich am Hof des Kaisers – in dieser Würde sehen wir nun den Luxemburger Karl IV. – ob es nicht möglich sei, die erreichten Besitzstände zu registrieren.
Es entsteht das „Landbuch", eine Art erstes Grundbuch. Potsdam gilt als „bedeutenswertere" Stadt und ist mitsamt seinen „slavi de villa Kietz" erwähnt.
Den Augenblick gilt es festzuhalten. Zeigt sich doch die Neigung der aus dem Westen hereinsickernden Siedler, die Slawen zu Menschen zweiter Klasse zu deklarieren. Nicht nur in Potsdam wurden ihnen suburbane Flächen für ihre Fischerhütten angewiesen. So entstand der Kiez an der Neustädter Havelbucht.
Ab 1373 sind die Luxemburger dran, von ihrer sicheren Elbuferburg Tangermünde aus betrachten sie das Geschehen „da drüben", wahrscheinlich ohne viel innere Beteiligung. Die Mark, oder jedenfalls ihr Kernstück, wird an Jobst von Mähren verpfändet, die Neumark jenseits der Oder gar an den Deutschen Orden verkauft. Der Mangel an Kontrolle leistete neuem Raubritterwesen Vorschub. Besonders die Schultensöhne von Borne machten sich einen Namen, und Rudolph III. von Sachsen, den die Sache genauso viel oder so wenig anging wie die anderen wirklichen oder angeblichen Rechtsanspruch-Inhaber, ereiferte sich: „Solche Lüde, die aldäglich gröblich roben, schinden und beschädigen, werden och gehäget und husen uf dem Werder zu Potsdamp."
Bekannter als die Schultensöhne von Borne wurden Dietrich und Hans von Quitzow. Sie sind als die berühmtesten märkischen Raubritter in die Lesebücher eingegangen, dort, wo neben dem Alten Fritz noch Platz war. Der Nürnberger Burggraf Friedrich, nun von Kaisers Gnaden mit der Mark belehnt, schleifte sein dickes Geschütz, die „faule Grete", über Sanddünen und Morast-Knüppeldämme und schoß den Quitzow ein paar ansehnliche Löcher in die Mauern ihrer Burgen.
Ein anderer Clan bereicherte sich genauso rücksichtslos wie die Quitzow: Die in der Zauche ansässigen Rochows. Jobst von Böhmen verpfändete seinerseits Amt und Stadt Potsdam für 400 Schock böhmischen Groschen an Wichard von Rochow aus Golzow. Der setzte sich in der Potsdamer Burg fest.
Wie ihre Raubritter-Kollegen wollten die Rochows nicht

wahrhaben, daß nach dem Tod von Mähren-Jobst das Land wieder an die Krone zurückfiel. Ein Vorgang, der auch mit unseren heutigen Rechtsvorstellungen schwer nachvollziehbar ist.
Doch waren die Rochows so klug, sich nicht dem Bombardement der „faulen Grete" auszusetzen. Nach Erlangen genügender Garantien, ihre Zauche-Besitzungen betreffend, zogen sie sich aus Potsdam zurück. Ihr am weitesten vorgeschobener „Brückenkopf" in Richtung Potsdam bestand bis in unsere Tage in Plessow, gleich hinter Werder. Schloß und Kirche mit interessanten Rochow-Grabmälern sind dort zu besichtigen.
In seiner offiziellen Eigenschaft als Statthalter Kaiser Sigismunds übergab Herzog Swantibor von Pommern 1412 Stadt und Amt Potsdam dem neuen Herrn, Burggraf Friedrich von Hohenzollern, später Kurfürst Friedrich I. von Brandenburg.
Einige Städte hatten sich übrigens im Jahr 1393 zu einem Bund zusammengeschlossen und eine kleine Streitmacht gegen die Raubritter aufgestellt. Potsdam trug mit einem Reisigen und einem Schützen dazu bei. Aus Berlin kamen fünf Reisige und zwei Schützen.
Ob diese Städte-Kampfgruppe Erfolge gegen Quitzow und Companie erzielte, weiß ich nicht. Wir gehen, auch hier, von „kleinen Verhältnissen" aus, wie sie in unserer Gegend nun einmal üblich sind und wohl auch üblich bleiben. Hätten wir Fontane nicht und seine „Wanderungen durch die Mark Brandenburg" würde vielleicht überhaupt niemand über dies bißchen „Rappeln in der Sandkiste" reden – außer uns, einer Phalanx Unerschütterlicher, denen die „Hosen des Herrn von Bredow" und „Steige hoch, du roter Adler" des weiland Liedkomponisten Büchsenschütz Tränen der Freude entlocken.
Oh, ja, wir geben's zu. Und wenden uns wieder jenem rochowzerrütteten Potsdam zu, das sich plötzlich, nach deren Abzug 1411, im Besitz nützlicher Privilegien sah.
Ein Moment voll Hoffnungsschimmer in der Geschichte der Stadt. Die Rochows wurden verurteilt, ein ansehnliches Sümmchen aus ihren Gewinnen zurückzuzahlen. Potsdam wird es nur indirekt zugute gekommen sein.
Wir aber stellen uns vor, wie Potsdam damals aussah, als die Stadt ins Blickfeld der Hohenzollern geriet:
In der Gegend um den späteren Neuen Markt und der Schusterstraße drängten sich ein paar Katen, Fachwerk und alle mit Stroh gedeckt. Am Havelufer erhob sich die von den Askaniern begründete Burg. Es gab eine Hauptkirche, die Katharinenkirche an der Stelle der heutigen Nikolaikirche, mit einem Friedhof rundherum. Den Kiez dazu und das Viertel, in dem die „deutschen" Fischer ihr Gewerbe betrieben – und wir haben in etwa ein Bild von der Stadt.
Den slawischen Burgwall müssen wir uns weiter östlich denken; möglicherweise stieg der Wasserspiegel der Havel an, als der Fluß in Brandenburg gestaut wurde, um Mühlen zu betreiben. Die Sandscholle an der Einmündung der heute vorhandenen Langen Brücke erwies sich zum Wohnen als komfortabler. Damals existierte eine Fähre über den Fluß.

Wittelsbacher und Luxemburger waren nach dem Aussterben der Askanier seit 1324 im Besitz der Mark gewesen mit übrigens, jeweils nach dem Stand aufeinanderfolgender Habgier-Erfolge und Mißerfolge, immerzu wechselnden Grenzen. Sie kümmerten sich wenig um die „Streusandbüchse" jenseits der Elbe, und die Menschen, die da lebten, waren ihnen nur insofern interessant, als sich Abgaben aus ihnen herauspressen ließen.
Friedrich, der erste Hohenzollern, versuchte, einige der verlorenen und verpfändeten Ländereien wieder an seine Herrschaft zu binden. Als Günstling Kaiser Sigismunds

erzielte er teilweise Erfolge, bis er durch seine Ausdehnungsbestrebungen nach Polen hin in Ungnade fiel.

Am Rande sei vermerkt, daß Friedrichs Bestrebungen, seinen Sohn mit der präsumtiven polnischen Thronerbin Hedwig zu verheiraten, territorial nichts einbrachte. Der Polenkönig heiratete im 74. Lebensjahr Sophia von Kiew. Die gebar ihm drei Söhne, und so ging Platz eins in der Thronfolge für Hedwig verloren.

Kaiser Sigismund schickte Friedrich wiederholt mit einem Reichsheer gegen die Hussiten. Das ging immer schief. Beim letzten Mal zerstreute sich die Kaiser-Armee, und die Hussiten drangen bis Bernau vor, von dessen Zinnen ihnen der sprichwörtliche heiße Brei auf die Köpfe geschüttet wurde: „Der Bernau'sche heiße Brei macht das Land hussitenfrei." Bis Potsdam kamen sie nicht.

Am kaiserlichen Hof war inzwischen der frühere Kanzlei-Schreiber Kaspar Schlick der neue Günstling. Er wurde Freiherr, später, aufgrund gefälschter Urkunden, sogar Reichsgraf.

Der Kaiser suchte Schlick eine passende Gattin aus, die Herzogin von Schlesien-Oels. Zwar fand zwischen Kaiser Sigismund und Friedrich Hohenzollern schließlich eine Versöhnung statt, aber der Nürnberger Burggraf, ein Süddeutscher letzten Endes, hatte die Lust an den ostelbischen Affären ziemlich verloren. Er setzte seinen Sohn als Statthalter ein. Auch mag Friedrichs Frau, Elisabeth, ihre hübschen fränkischen Schlösser dem Burgkasten in Tangermünde vorgezogen haben.

Insgesamt brachte Friedrich nur fünf Jahre, zwei Monate und neunzehn Tage in der Mark zu. Ende Januar 1426 reiste er ab und kam nie wieder.

Ein gespaltenes Verhältnis zur Mark also. Trotzdem bescheinigte ihm um die Jahrhundertwende der Verfasser einer Geschichtstabelle: „Friedrich I. war ein Mann von gediegener Bildung, besonnen und gemäßigt, dabei ein entschlossener und tapferer, nicht immer freilich vom Glück begünstigter Feldherr. Mit Festigkeit stellte er Achtung vor dem Gesetz und dem fürstlichen Ansehen wieder her. Seine Freundlichkeit und Güte gegen jedermann gewann ihm die Herzen seines Volkes, die nicht weniger seiner Frau Elisabeth, der schönen Else, entgegenschlugen."

Nachdem sich die Geschichtsschreibung von jener übertriebenen Hochachtung befreit hat, die lange allem Brandenburgisch-Preußischen und damit Hohenzollernschen galt, können wir nun Friedrich I., Kurfürst von Brandenburg, befreit von tarnendem Eichenlaub betrachten.

Fest steht, daß Friedrich die Reichsangelegenheiten meistens wichtiger waren. Brandenburg, sowieso ohne die an den Deutschen Orden verlorene Neumark, war in seinen Augen wohl, was späteren Generationen aufrichtiger Deutscher Togo oder Kamerun bedeutete. Und für alle neuen Herren aus dem Westen waren die an den Flüssen und Seen siedelnden Slawen sowieso nichts anderes als „aboriginies" und billige Arbeitskräfte.

Wäre das Land nicht schon damals so menschenleer gewesen und hätte man westliche Siedler überzeugen können, sich in genügender Anzahl hier niederzulassen, so hätte man die heidnischen Kiezbewohner wohl ausgerottet – wie die Indianer in Amerika.

Potsdam? – Friedrich mag davon Kenntnis genommen haben, daß sich die Rochow zurückzogen. Im übrigen interessierte ihn das Kaff auf der Havelinsel so gut wie gar nicht, außer, daß er aus taktischen Gründen die Burg neu aufbauen ließ.

Friedrich strebte nach der Königswürde, letztendlich zwar erfolglos, aber die Angelegenheit nahm ihn in Anspruch. Mit seiner Person haben wir uns eingehend be-

schäftigt, weil sie exemplarisch für die Tatsache steht: Viel los war hier in Potsdam nicht. Immerhin bekam die Stadt eine Brücke zum „Teltow" hinüber, zum späteren Brauhausberg, und allmählich entstand dort die Teltower Vorstadt.
Ob dann, wie Zedlitz und andere Autoren behaupten, Joachim I. Nestor, der bis 1535 Kurfürst war, auf den Burgfundamenten ein Jagdschloß errichtete, mag wohl stimmen. Doch scheint davon nichts, aber auch gar nichts erhalten oder in späteren Bauten eingefügt worden zu sein. Unter seinen Nachfolgern, Joachim II. Hektor und Johannes von Küstrin, vernichtete mindestens eine Feuersbrunst – möglicherweise waren es sogar zwei – die Stadt. Damals ein üblicher Vorfall. Schloßherren zogen die Konsequenzen daraus. Wir finden oft den feuergefährdeten Küchentrakt in gebührender Entfernung vom Haupthaus. So befindet sich die Küche des Marmorpalais in einem halbversunkenen antiken Tempel, von dem ein hundert Meter langer unterirdischer Gang zum Schloß führt. Diesem Respekt vor Schadensfeuern ist die Erfindung jener Metallglocken zu verdanken, die heute noch in manchen besseren Restaurants über die Teller gestülpt werden. Überflüssigerweise, wie ich meine. Damals dienten sie dazu, die Speisen beim Transport warmzuhalten.
In Potsdam brannte auch das Rathaus nieder, und alle Urkunden wurden vernichtet.
Sehen wir uns einmal um, wie es zu dieser Zeit in der „Welt" außerhalb Potsdams aussah:
Luther starb 1546. Wir befinden uns in jener Epoche, genannt Reformation, in der es nun hieß, die Folgen seiner Lehre auszubaden. In Frankreich wurden die Protestanten erst einmal geächtet, bis ihnen später das Edikt von Nantes für kurze Zeit freie Religionsausübung gestattete. Wie wir wissen, hob Ludwig XIV. dieses Privileg wieder auf und das führte zu jener Hugenotten-Massenflucht, von der Brandenburg-Preußen später profitierte.
Im „Heiligen Römischen Reich Deutscher Nation" sorgte der Ausgburger Religionsfriede von 1555 für vorübergehende Ruhe. Einer Ruhe, die lediglich der willkürlichen Unterbrechung eines Gärprozesses glich: Protestanten und Katholiken hatten nun die gleichen Rechte, die Obrigkeit bestimmte die Landesreligion. Allerdings verlor ein geistlicher Fürst sein Amt, sobald er zum Luthertum übertrat. Erschwerend kam allerdings hinzu, daß sich die nichtkatholische Partei in Reformierte und Lutheraner zu spalten begann, wobei sich scheinbar unüberbrückbare Gegensätze ergaben.
Die Folge: Trat ein Landesfürst zum Beispiel zum Reformierten-Lager über, hatte er automatisch seine „lutherisch" denkenden Untertanen gegen sich.
In Potsdam wird man andere Sorgen gehabt haben. Die von den Flammen verwüstete Stadt mußte wieder aufgebaut werden. Kurfürst Joachim II. Hektor war anderweitig engagiert. Er bastelte an seinem Stadtschloß in Berlin, baute sich das kuschelige Jagdschloß am Grunewaldsee und förderte die Mode der Pluderhosen, der bunten.
Potsdam scheint ihm nicht gelegen zu haben.
Sein Bruder Johann war sowieso nicht zuständig, er regierte die wieder zum Kurfürstentum gehörende Neumark, dazu Cottbus, Peitz, Crossen, Zülichau und so weiter. Erst Johanns Tochter Katharina scheint sich wieder für Potsdam interessiert zu haben. Inzwischen war die Stadt neu aufgebaut. Nach wie vor reihten sich zwar stroh- oder schilfgedeckte Katen entlang der wenigen passierbaren, durch dieses bemerkenswerte Feuchtbiotop führenden Wege, doch mag es bereits ein paar Häuser mit Stockwerk und Schindeldach gegeben haben. Katharina heiratete 1570 den damals vier-undzwanzigjährigen Joachim Friedrich, der 1598 Kurfürst wurde.

Wir verdanken Joachim Friedrich eine der wenigen kulturellen Unternehmungen, die, wenn auch beschränkt, den Untertanen nützten: Er gründete das Joachimsthaler Gymnasium.

Sofort nach seinem Regierungsantritt stellen wir eine erhöhte Bautätigkeit am Potsdamer Burgschloß fest. Sie ist allerdings weniger ihm, sondern Katharina zu verdanken. Sie hatte dem Kurfürst elf Kinder geboren und scheint sich nun gerne auf das Amt Potsdam, das ihr ab 1598 als freies Eigentum gehörte, zurückgezogen zu haben.

Zum ersten Mal hielt sich damit, soweit wir wissen, ein Mitglied des regierenden Hauses längere Zeit in Potsdam auf. Nun gab es hier einen Hofgärtner. Weinberge, sogar Spazierwege wurden angelegt. Katharina war, scheint es, eine hervorragende Wirtschafterin. Leonhard Thurneysser, den aus Basel stammenden „Alchimisten" und Leibarzt, veranlaßte sie, in Halle ein Labor und eine Apotheke einzurichten. Berlin verdankt ihm – und damit auch der Kurfürstin Katharina – einen Kräuter- und Tiergarten.

Sie stellte selbst Arzneien her, nahm, sobald sie Kurfürstin war, ihre Apotheke nach Cölln (Berlin) mit, und die seit 1585 im Schloß bestehende Hofapotheke wurde für „die Hofbediensteten, Geistlichen und Armen" geöffnet. Schließlich ließ Katharina in Berlin auch noch eine Molkerei bauen.

Gerne würden wir Ähnliches über Potsdam berichten, aber nichts dergleichen scheint bekannt zu sein. Dort blieb es bei Weinbergen und Wegen. Viel Zeit war dieser eigentlichen „Entdeckerin" Potsdams hier nicht beschieden. Sie starb 1602.

Joachim Friedrich starb 1608 auf einer Reise in Grünau bei Berlin. An der Stelle, wo ihn der Tod überraschte, wurde ihm ein Denkmal gesetzt.

Potsdam war bereits 1577 und 1598 von der Pest heimgesucht worden. Weitere Epidemien werden für 1611, 1631 und 1637-39 gemeldet. Das Amt Potsdam fiel an den nächsten Kurfürsten, Johann Sigismund, zurück.

Unter seiner Ägide gibt es zwei bedeutende Ereignisse zu verzeichnen. Das erste ist für Potsdam in weiterer Zukunft gravierend, denn als Johann Sigismunds Schwiegervater, der Preußen-(„Ostpreußen"-) Herzog Albricht stirbt, erhält der Brandenburger jenes Herzogtum von Polen als Lehen.

Überdies fallen ihm Besitzungen im Westen wie Kleve, Mark und Ravensberg zu. Seine Frau ist Anna von Preußen, Erbin der Jülich-Klevischen Lande.

Das zweite Ereignis: 1618 beginnt der Dreißigjährige Krieg. Er ist bestimmend für die gesamte Regierungszeit des nächsten Kurfürsten, Georg Wilhelm. Aufgrund seiner nicht ganz konsequenten Neutralitätspolitik wird Brandenburg die Arena für allerlei Scharmützel sämtlicher Heere. Hier halten sich die Liga-Söldner unter Tilly schadlos, die Dänen, die Wallenstein-Gallas- und Pappenheim-Kriegsknechte, die Schweden unter Gustav Adolf und die Kosaken. Der Kurfürst, eines Beinleidens wegen schleppen sie ihn in einer Sänfte umher, zieht sich nach Königsberg/Ostpreußen zurück. Vorher soll er gelegentlich in Potsdam Hof gehalten haben. Man glaubt es kaum.

Während die Armeen große Teile der Mark in eine Wüstenei verwandeln und unbeschreibbares Elend über die Bevölkerung bringen, scheint Potsdam vorerst glimpflich davonzukommen. 1627 allerdings wird der Stadt eine hohe Kontribution auferlegt, und 1631 stopfen die Schweden eine starke Besatzung in die „Stadt", – wir zögern, das immer noch etwas popelige Potsdam als solche zu bezeichnen.

Nach dem Westfälischen Frieden ist auch davon nicht mehr viel übrig. Statt vorher 198 Häuser gibt es nur

noch 79. Mal gerade 700 Einwohner sind davongekommen.
Ein Freund, der mir bei den Recherchen zu meinen märkischen Spaziergänge-Büchern assistierte, hat eine unglaubliche Geschichte über diesen geplagten Georg Wilhelm ausgegraben. Kurfürstlicher Kanzler war in jener Zeit Schwarzenberg, ein Katholik. Nicht so erstaunlich, wie es heute aussieht. Die Reformierten nahmen lieber einen Katholiken in Kauf, als daß ihnen etwa ein Lutheraner vor die Nase gesetzt worden wäre und vice versa.
Schwarzenberg ließ sich die beachtliche Summe von 8000 Gulden „für Spesen" auszahlen und reiste nach Wien, um Entschädigung für die durch die kaiserliche Armee und die Katholische Liga verursachten Kosten lockerzumachen. Natürlich reüssierte er nicht und nahm auch in anderen Punkten durchaus die Interessen des Kaisers wahr, entgegen den Aufträgen, die ihm sein Chef erteilt hatte. Schwarzenberg, wird gesagt, soll sich von solcher Parteinahme weitere 2-300.000 Gulden Gewinn versprochen haben.
In seiner Entourage befand sich der aus Schivelbein stammende adlige Vasall und geweihte Priester Johann von Leckow. Er hatte sich angeboten, Kurfürst und Land zum Katholizismus zurückzuführen und 1624 eine entsprechende Denkschrift für den Papst entworfen, worin er sich als der Mann vorstellte, der dies dank seiner Beziehungen zum Berliner Hof durchaus bewerkstelligen könne.
Tatsächlich übertrug die päpstliche Propaganda-Kongregation von Leckow die „Missionierung der Mark", und zwar geheim, damit die brandenburgischen und pommerschen Fürsten nichts davon mitbekämen. Auch sollte Polen die Arbeit des Missionars unterstützen. Schwarzenberg plädierte dafür, daß der Kurprinz, uns später als Großer Kurfürst bekannt, eine polnische-katholische-Prinzessin heiratete. Und der von Leckow schenkte dem Polenkönig sogar eines seiner Güter.
Die Komödie zog sich über mindestens sechs Jahre hin, sie wird für das Priesterlein aus Schivelbein nicht unlukrativ gewesen sein. Schwarzenberg scheint auf diese Intrige, der kein Erfolg beschieden war, mehr Energie verwendet zu haben als auf die Aufgabe, Schadenersatz zu verlangen, der sich in Brandenburg auf geschätzte zwanzig Millionen Goldgulden addierte, von weiteren Schäden durch Plünderung und Brand abgesehen. Der vorübergehend geschaßte Rat Samuel von Winterfeldt, ein Gegner Schwarzenbergs, faßte bereits 1640 die Lage trefflich kurz zusammen: „Pommern ist dahin, Jülich ist dahin, Preußen haben wir wie einen Aal beim Schwanze, und die Marke wollen wir auch vermarquentieren."
Es war der Zeitpunkt, an dem der Große Kurfürst die Geschäfte übernahm. Seine Verdienste sind bekannt, es gelang ihm, die Kriegsschäden weitgehend zu beseitigen. Aufgrund der Erkenntnisse, die der schreckliche Krieg, genannt der Dreißigjährige, vermittelt hatte, begann nun eine Abwendung von Habsburg – Kaiser und Reich; der erste Schritt wurde getan, um das zwischen Rhein und Memel verzettelte Mini-Imperium zusammenzufassen, zu erweitern und zu einer Macht auszubauen, die neben- und notfalls gegen- Habsburg reüssieren konnte.
Für Potsdam waren die Vorgänge erfreulich, wenn auch nicht sofort. In erster Ehe war der Kurfürst mit Luise Henriette von Oranien verheiratet, die sich allerdings Oranienburg, damals noch Bötzow, als Mittelpunkt für ihr Leben wählte. Erst mit der zweiten Frau, Dorothea von Holstein, die er 1668 heiratete, also zwanzig Jahre nach dem Westfälischen Frieden, kamen die Angelegenheiten in Potsdam merkbar in Gang. Bis dahin waren alle verpfändeten Ortschaften des Amtes Potsdam ausgelöst,

zuletzt Potsdam selbst.
Insgesamt war Potsdam achtzehnmal von den jeweiligen Landesherren an märkische Adlige verpfändet worden. Vielleicht hätte es weiterhin dieses Schicksal erlitten, wenn des Kurfürsten Pläne sich verwirklicht hätten, Stettin an sich zu reißen. Er hätte dann seine Residenz dorthin verlegt; Berlin und Potsdam hätten ihre Bedeutung verloren, und Frau Dorothea wäre vielleicht – statt in Potsdam – in Swinemünde tätig geworden.
Doch im Frieden von Oliva setzte er dies nicht durch, obwohl er Stettin erobert hatte. So blieben die Hohenzollern in Berlin und Potsdam.
Dorothea war eine außerordentlich wache Geschäftsfrau. Sie baute Wohnmaschinen in der nach ihr benannten Berliner Dorotheenstadt und kassierte die Mieten. Vor dem Spandauer Tor gab es einen von ihr betriebenen Ausschank. Sie eröffnete zudem dort ein Gasthaus und fing die von Hamburg kommenden Reisenden und Fuhrleute ab. Die Berliner waren sauer, aber ihr Einspruch nützte nichts.
Von Ludwig XIV. kassierte Dorothea angeblich hunderttausend Taler, auf die Hand, weil sie half, im Frieden von St. Germain Vorteile für Frankreich durchzuboxen. Ein hübscher Diamantschmuck wechselte ebenfalls zur Kurfürstin hinüber.
Überdies soll Dorothea versucht haben, zwei Söhne des Kurfürsten aus erster Ehe zu vergiften, weil diese eine Thronfolge ihrer eigenen Kinder blockierten. Die Berliner nannten sie die „brandenburgische Agrippina“. Es wurde eine Untersuchungskommission eingesetzt, aber der Große Kurfürst war alt und litt an der Gicht, und Dorothea pflegte ihn liebevoll. So verlief die Angelegenheit im märkischen Sand.
Das Paar widmete sich unter anderem wieder den Umbauten in Potsdam. De Chieze begann den neuen Schloßbau auf den Trümmern der alten Burg und den Resten des Katharina-Schlosses.
Eine zeitgenössische Schilderung, wie es vor Baubeginn um Schloß und Kirche in Potsdam bestellt war, erinnert uns an jüngste Bestandsaufnahmen von Schlössern und Herrenhäusern in der Mark. Das „alte Haus“, das Renaissance-Schloß Katharinas, war, als sie starb, immer noch Baustelle. Die Bedienstetenzimmer unter dem Dach sollten gerade eingebaut werden. Den nun ins Schloß ziehenden Amtsleuten war gleichgültig, was mit dem Bauwerk geschah. Es verfiel, und auch durch die Folgen des Dreißigjährigen Krieges war weder Wunsch noch Geld da, es zu erhalten. Die Kamine stürzten ein, Dachbalken fraßen die Würmer, und wo nicht, verfaulten sie, denn es regnete durch. Die Fenster waren eingeschlagen, einige Parterre-Räume dienten als Hühner- und Schafställe. Der Mist lag überall. In der Kirche wurde ein Getreidelager eingerichtet, der Steinboden war die Tenne, wo gedroschen wurde, und die Platten wurden zerstört.
Schade war's ums Katharinen-Schloß, wir hätten heute vielleicht einen der raren Renaissance-Bauten in der Mark mehr – müßige Überlegung! Bomben und Aufräumwahn in unserem Jahrhundert haben ohnehin keine Spur von irgendeinem Stadtschloß in Potsdam übriggelassen, von einem bißchen Marstall abgesehen.
Um so interessanter scheint mir, sich mit den Zuständen vor der – vorerst – endgültigen Katastrophe zu beschäftigen.
Die zu Zeiten des Großen Kurfürsten vorhandenen Trümmer und Ruinen konnte man nur noch wegräumen, da war kein Denkmalschützer davor. Alles wurde nun prächtiger, auch praktischer und bewohnbarer. Worin vielleicht die Hand Dorotheas sichtbar wird. In die alte Slawenschanze kamen die Weinkeller. Das könnte einer ihrer „hausfraulichen“ Einfälle gewesen sein.

Der große Kurfürst selbst scheint für die weitere Verkehrs-Anbindung Potsdams durch neue Brückenbauten verantwortlich gewesen zu sein. Neben der Langen Brücke führte nun eine weitere bei Nedlitz über die Enge zwischen Weißen- und Jungfernsee. Bei Baumgartenbrück erschloß eine Brücke endlich den Weg nach Westen. Und in Richtung Berlin entstand eine Holzbrücke, Vorläufer „unserer" Glienicker Brücke, zwischendurch „Brücke der Einheit" mit DDR-Wachhäuschen, deren Wegräumen ich nach der Wende erlebte: Ein Kran packte das Mauerwerk, und im Nu waren sie verschwunden. Dies nebenbei, das Zuschauen hat Freude gemacht. Wir drehen die Uhr wieder zurück.
1650 holte der Kurfürst Johann Georg Memhard aus Holland, der sich als Oberdirektor aller kurfürstlichen Gebäude einen Namen machte. Ihm folgte Johann Arnold Nering. Wenn wir im Prinzip damals schon mit einer Wirkung konfrontiert wurden, die wiederherzustellen dann im 19. Jahrhundert Lenné alle Mühe hatte, so ist es wohl weitgehend diesen einsichtigen Männern zu verdanken. Der Kurfürst ließ Memhard Zeichnungen anfertigen, nach denen der Kupferstecher Gottfried Bartsch sechzehn Kupferplatten stach, die mit Blick vom Brauhausberg alle vorhandenen Gebäude Potsdams zeigten, das neue Schloß und den Garten in der Mitte.
Zugegeben: Eine Weltstadt war's noch immer nicht. Aber für unsere bescheidenen Verhältnisse war Beachtenswertes entstanden. Die Baumeister profitierten gewiß auch vom handwerklichen Können der neuen Bürger, vor allem der Hugenotten, die nach dem Edikt von Potsdam – sic! – ins Land gekommen waren. Nach Potsdam direkt wollte zwar keiner, da war es ihnen zu feucht und unwirtlich. Doch ihre Manufakturen lieferten, was man brauchte.
Vom Dichter August Kopisch stammt jenes bekannte Gedicht, das beginnt: „Wie war es doch in Köln vordem mit Heinzelmännchen so bequem."
Weniger bekannt ist, daß Kopisch auch malte; er lieferte zweihundert Jahre später ein Bild ab, das denselben Blick zur gleichen Zeit zeigt wie die Stiche von Memhard-Bartsch. Nur ist Kopischs Auffassung romantischer; dazu kommt die Wirkung der Farben. Kurzum, wir sehen ein großkurfürstliches Potsdam, in dem es sich leben ließ, eingefaßt wie ein Edelstein von der – bei Kopisch wiederum höchst romantisch sich darbietenden – Havellandschaft. Nicht umsonst hat dieser Mann, zusammen mit einem Maler-Kollegen, die Blaue Grotte von Capri entdeckt!
1688 starb der Große Kurfürst in seinem nagelneuen Potsdamer Stadtschloß an der Wassersucht, achtundsechzig Jahre alt und nach achtundvierzigjähriger Regierungszeit. Dorothea bekam Potsdam. Doch erfreute sie sich nur kurz des hübschen Besitzes. Ein Jahr später starb auch sie, während einer Kur in Karlsbad. Potsdam fiel wieder an die Krone.
Wie wir wissen, wurde der nächste Kurfürst König – oder er machte sich dazu und das „faît accompli" wurde akzeptiert. Wir sprechen von Friedrich I., König in Preußen. Dem Mann war diese Würde wahrlich nicht in die Wiege gelegt: Die Kinderfrau ließ ihn fallen. Er behielt eine bleibende, sichtbare Rückenverkrümmung zurück und litt an „Engbrüstigkeit". Keine Chance zu überleben? Und keine Chance, an die Regierung zu kommen? Vorerst gab es einen älteren Bruder, Karl Emil. Der starb aber an einem „hitzigen Fieber", neunzehn Jahre alt.
Erstes Opfer der „Agrippina"? – Als sich herausstellte, daß „Verreckerle" Friedrich trotz aller Prognosen nicht von selbst abkratzte, wurde er von Dorothea zum Diner eingeladen, wonach er die scheußlichsten Koliken bekam – „unmittelbar nach dem Genuß einer Tasse Kaffee", wie

Hof-Klatschkolumnist Vehse schreibt. Friedrich führte aber stets ein Brechpulver mit sich. Sein Mentor Dankelmann verabreichte es ihm unverzüglich. Der bucklige Prinz war wieder einmal entkommen. Übrigens trug er stets eine Allonge-Perücke, um seinen „Verdruß" zu verbergen.
Verheiratet war Friedrich in erster Ehe mit der geistvollen Sophie Charlotte von Hannover, der wir Charlottenburg verdanken. In Potsdam allerdings war wieder einmal nichts los. Für die pompösen höfischen Vorstellungen König Friedrichs reichte die Klitsche an der Havel nicht hin und nicht her. Zwar ließ er im Schloß größere Fenster einsetzen, doch die drei Belvederes, kuppelartige Aufbauten auf dem Dach, verschwanden. Wahrscheinlich drohten sie herabzustürzen. Der berühmte Andreas Schlüter, Architekt und Bildhauer, wurde nach Potsdam abkommandiert, um den Marmorsaal neu zu dekorieren, und ein gewisser Jean de Bodt schuf das ein wenig extravagante Fortunaportal, den neuen Haupteingang in den Schloßhof.
Dabei blieb es. Der Hof tobte sich in Berlin aus. 1713 endlich kam Sohn Friedrich Wilhelm I. an die Regierung, uns bekannt als „Soldatenkönig", Schöpfer des Regiments der Langen Kerls und ein bißchen verrufen durch seinen Wunsch, Kronprinz Fritz nach dessen Fluchtversuch hingerichtet zu sehen.
Wir zitieren wiederum den Jahrhundertwende-Tabellenverfasser, um das Bild abzurunden, das wir uns von diesem Autoritätsmonster machen müssen: „Die derbe, einfache, nüchterne Natur Friedrich Wilhelms zeigte sich schon in frühester Jugend. Er war ein Feind des Treibens am väterlichen Hof und hielt sich geflissentlich in einfacher Zurückgezogenheit... Nach dem Tode des Vaters durchstrich er die Liste der Hofbeamten, nur die notwendigsten behielt er. An die Stelle des prächtigen Hofkleides trat der einfache Soldatenrock... ein unermüdlicher Arbeiter, der auch von den Beamten Fleiß und Gewissenhaftigkeit verlangte; ein Landesfürst, der auch das Kleinste prüfen und entscheiden wollte; ein Feind aller Pracht und Verschwendung, sparsam, häufig geizig, kerndeutsch in seinem Wesen (Haß gegen die Franzosen und die französischen Moden). Seine Lebensweise war streng geordnet, in seinem Haus ging es einfach bürgerlich zu (das Tabakskollegium). Da er immer nur das Gute wollte, so duldete er keinen Widerspruch; der Stock hat häufig seinen Worten Nachdruck verliehen."
Kein Wunder, daß dieser Typ Potsdam für sich entdeckte! Da war Platz genug für einen anspruchslosen Menschen wie ihn, den zweiten preußischen König. Außerdem roch es nicht nach Berliner Hof. Verheiratet war Friedrich Wilhelm I. mit Sophie Dorothea aus Hannover, Tochter Georgs I. von England. Man sollte meinen, daß durch sie ein bißchen Weltgewandtheit in die Potsdamer Atmosphäre gekommen wäre. Doch dem war nicht so. Die Königin setzte sich nicht durch und war meistens ausersehen, in dem krumpeligen Schloß Königs-Wusterhausen die Familienmutter zu mimen.
FW I also, wie wir ihn von nun an abgekürzt nennen, zog mit sechshundert Mann Garde nach Potsdam. Für die Soldaten war kein Platz. Kurzerhand stopfte er sie in die wenigen vorhandenen Bürgerhäuser. Sein Ziel war allerdings mindestens viertausend Mann in der Stadt unterzubringen.
Eine rege Bautätigkeit begann. Der König stellte Grundstücke zur Verfügung und lieferte gratis Baumaterial. Reihenweise entstanden jene fünfachsigen Häuser mit Giebel-Ausbau, die flugs im Volksmund „Patronentaschen" hießen. In Erwartung holländischer Einwanderer wurde das Holländische Viertel viel zu groß aus dem Boden gestampft. Der Bassin-Platz, bis dahin ein

Sumpfloch, erhielt nun ein wirkliches Bassin mit einem Lustpavillon in der Mitte, zu dem eine Fähre übersetzte. Der König speiste einmal dort, aber es muß ihm nicht sonderlich gefallen zu haben. Das Essen wurde herangerudert und war wahrscheinlich kalt, als es auf den Tisch kam. Daß FW I später gelegentlich sein Tabakskollegium in dem Lusthäuschen abhielt, scheint eine Mär zu sein.
Alles ging jetzt holterdipolter. Die Türme der Garnison- und Heiliggeistkirche schossen in die Höhe, sie bildeten neue markante Punkte in der Stadtlandschaft.
Denn eine Stadt war Potsdam nun wirklich, wenn auch nur für den Kommisszweck. Den hübsch mit Rabatten verzierten Lustgarten ließ FW I planieren und zum Exerzierplatz umwandeln. Dort drillte er persönlich seine Langen Kerls, nicht ohne sie gelegentlich mit dem Stock zu vertrimmen. Ging der König durch die Stadt, so wandelte er durch menschenleere Gassen. Seine Untertanen verkrümelten sich, um dem Risiko zu entgehen, daß sie eins übergebraten bekamen.
Am Schluß der Regierungszeit dieses Urpotsdamers zählte Potsdam 11708 Einwohner, die in 1154 Häusern lebten. Dazu hatte der König achtzehn Kompanien in die Wohnhütten gepfercht. Kasernen gab es kaum, die Stadt war eine einzige Kaserne. Das Militär, im blauen Rock, marschierte im Gleichschritt durch die Straßen und über die weiten Plätze. Gleichschritt – der Alte Dessauer hatte ihnen diese Neuerung beigebracht. Wir können sie als Dekoration dessen ansehen, was damals hier seine Wurzeln schlug und was wir unter weitester Auslegung nach allen Seiten bezeichnen als: Geist von Potsdam.
Seinen Glorienschein hat er verloren, dieser Geist, zum Bedauern einiger, die dem Sport der Epochenverschleppung bis heute huldigen. In unserem, auf andere Art nüchternen Zeitalter reicht die Spanne der Auslegung dieses Begriffes von Gamaschen-Gehorsam, aus dem sich nie ein Bürgergeist entwickeln konnte, bis zu Zitzewitz-Jokes. Unter Einbeziehung des Mißbrauchs, dem der „Geist" unterlag von Wilhelm II. bis 1945.
FW I, eigentlich verschrien als Geizhals, stiftete ein neues Rathaus. Das Vorbild fand sich in Amsterdam. Mit dem Abklatsch in Potsdam beginnt ein Höhepunkt spezieller preußischer Baugeschichte. Man nehme Bauwerke von irgendwo, vorzugsweise aus Italien, und kopiere sie. Wir verhehlen nicht, daß die Methode in Potsdam glänzend ankam. Den Reiz dieser Stadt machen schließlich im wesentlichen jene Pizzastil-Dekorationen aus, die ihr ein fast heiteres Gepräge geben, auch heute noch nach so viel Zerstörung und Zerfall.
Optisch zeigte sich so die Gamaschengeist-Atmosphäre weniger bedrückend. Sie manifestierte sich in der neuen Gewehrfabrik und im Militärwaisenhaus, dessen Insassen praktischerweise zur Arbeit in die Gewehrfabrik geschickt wurden.
Doch wir greifen vor. FW I begann mit der Schöpfung seines – ganz hübschen – Kasernen Potsdam, indem er befahl: Strohdächer herunter! Sah es doch damals in den meisten Gassen noch aus wie im Museumsdorf Düppel heute.
Dem krassen Absolutisten FW I gehorchten die Bürger. „Ich stabilisiere die souveraineté wie einen rocher de bronce", hatte er seine Untertanen wissen lassen. Die spätere Markgräfin von Bayreuth, Schwester Friedrichs des Großen, schrieb in ihren Memoiren: „Wer des Königs Gunst erlangen wollte, mußte Sturmhaube und Küraß anlegen, alles war Offizier und Soldat, von dem alten Hofe blieb keine Spur übrig."
Bei Berücksichtigung der hier geschilderten – sagen wir – Unannehmlichkeiten steht doch eines fest: Am Ende seiner Regierungszeit war dem Soldatenkönig das „Schmuckstück Potsdam" durchaus gelungen. Und wis-

sen wir denn, ob das Bild, das uns die Geschichte von diesem Herrscher überliefert hat, exakt ist? Ein Ritter namens Zimmermann verfaßte Fragmente über Friedrich den Großen. Er schreibt:
„Der Geheime Rat von Schliestädt in Braunschweig war bei der Eröffnung des Testaments Friedrich Wilhelms als Kommissarius seines Hofes gegenwärtig und versicherte einem Herrn, von dem ich diese wichtige Nachricht habe, der König sage in diesem Testamente: „Mein ganzes Leben hindurch fand ich mich genötigt, um dem Neide des österreichischen Hauses zu entgehen, zwei Leidenschaften auszuhängen, die ich nicht hatte: eine war ungereimter Geiz und die anderen eine ausschweifende Neigung für große Soldaten. Nur wegen dieser so sehr in die Augen fallenden Schwachheiten vergönnte man mir das Einsammeln eines großen Schatzes und die Errichtung einer starken Armee. Beide sind da, und nun bedarf mein Nachfolger weiter keiner Maske."
Dieser Nachkomme, Friedrich der Große, brauchte das Meisterwerk Potsdam nur noch mit einer Sahneschicht zu garnieren, um es in eine Prachtresidenz zu verwandeln. Knobelsdorff, Schöpfer der Rheinsberger Schloßanlage und genialer Verwirklicher von Friedrichs Plänen für Sanssouci, überzog das bis dahin nüchtern wirkende Stadtschloß mit einer in lebhaften Farben und Vergoldungen schimmernden Außenhaut. Fachwerkhäuser verschwanden unter Putz. Der Lustgarten erstand wieder. Das allerneueste Rathaus, noch heute zu sehen wie auch das Privathaus Knobelsdorffs, war einem Palazzo-Entwurf Palladios nachempfunden. Es bekam einen Turm und obendrauf eine Skulptur, Atlas mit der Weltkugel. Sie war aus Blei und zu schwer und stürzte eines Tages herab. Sie wurde dann durch eine leichtere, in Kupfer getriebene Plastik ersetzt.
Der Palazzo Barberini, an die Tänzerin erinnernd, für die Friedrich ein „Flugerl" hatte, war nur eine Fassade, über zwei Bürgerhäuser gezogen. Auch das Schulhaus der Nikolaikirche war nachempfunden, als Vorbild diente der Palazzo della Sagra Consulta in Rom. Die Nikolaikirche versteckte sich hinter der Fassade von Santa Maria Maggiore.
Und so fort. Man fragt sich, ob das nötig war, wenn ein Herrscher über so geniale Architekten verfügte wie Knobelsdorff, Boumann, Hildebrandt, und später Gontard, dem Hauptarchitekten des Neuen Palais. Die Italien-Sehnsucht und -Anbetung unserer Vorfahren muß damals ungeheuerliche Formen angenommen haben.
Goethe übrigens, als er mit dem Herzog von Weimar 1778 Preußen besuchte, stieg in Potsdam im Palazzo Valmarana Vicenza ab, der allerdings an der Havel nicht von Palladio, sondern von Hildebrandt konstruiert war und dem Gastwirt und Traiteur Johann Christoph Plöger gehörte.
Der umbaute Raum in Potsdam, schätze ich, hat sich zu Zeiten Friedrichs des Großen mehr als verdoppelt. Die noch verbliebenen Sumpfgebiete auf der Insel hatten schon seinen Vater nicht geschreckt. Man konnte sie drainieren oder die Häuser auf eingerammte Pfähle stellen.
Am Ende lagen in der Stadt sechsundreißig Kompanien Fußtruppen, ferner Garde-du-Corps-Schwadronen, bespannte Artillerie und Pioniere, genannt Mineurs. Reiter und Artillerie waren nun in richtiggehenden Kasernen untergebracht; von den übrigen Soldaten wurden über tausend Bürgerhäuser nach wie vor teilokkupiert.
Potsdam war vollgeräumt. Von Weite, vom Sichöffnen zu den Seen und Hügeln der Umgebung hin konnte keine Rede mehr sein, wenn man von ein paar erhaltenen Achsen der ursprünglichen Anlage absieht. Es war so voll, daß der König das „imperiale" Zentrum verlegte: Vom Schloßplatz zur Achse unterhalb seines Sanssouci-Wein-

berges, heute sichtbar zwischen Friedenskirche-Parktor und Neuem Palais. Wir haben bereits gesehen, wie auch dieses neue Zentrum zugekramt, verstellt und hinter Hecken verborgen wurde. Nichts ging mehr. Und es sollte eine Weile dauern, bis ein – sagen wir ruhig – Genie in diesen Statuen- und Kolonnadenkrempel eindrang und wieder Luft und Licht in dieses überdimensionale Nippes-Wohnzimmer pumpte.

Vom Flatowturm, Sicht zum Jungfernsee und Sakrow (1987)

Schloß Lindstedt im Katharinenholz und die Kuppel des Neuen Palais

Vom Pfingstberg zum Casino im Glienicker Park

Sicht vom Pfingstberg zum Jungfernsee

Brauhausberg mit Speicheranlagen

Die Glienicker Lake mit Schloß Babelsberg

Schloß Babelsberg

Teltowkanal

Babelsberger Park und Flatowturm

Sicht über den Tiefen See zum Park Babelsberg

Nedlitz zwischen Lehnitzsee (links) und Jungfernsee (rechts)

Nedlitz – Durchblick zum Weißen See

Die Nuthe bei Rehbrücke

Sicht aus der Golmer Landschaft nach Phöben

Bornimer Landschaft mit Heineberg

GÄRTEN UND LANDSCHAFT

Unschwer zu erraten, daß wir über Peter Joseph Lenné sprechen. Seine Vorfahren waren Hofgärtner seit vielen Generationen. Von 1666 gibt es einen ersten Anstellungsbrief für einen gewissen Augustin le Nain, der anscheinend aus Belgien nach Poppelsdorf bei Bonn kam. Da le Nain auf Deutsch „Zwerg" heißt, änderte eine spätere Generation den Namen in Lenné um.
Die Lennés blieben am Rhein. Der Vater unseres Peter Joseph war Hofgärtner in Brühl, später in Bonn und leitete schließlich die Landesbaumschule in Koblenz. Die Gegend war gerade, seit 1801, französisch, und die Verbindungen gingen, für eine Weile, eher nach Paris als nach Berlin oder gar nach Wien. 1815 war die „Französische" Zeit zu Ende. Waterloo hatte Napoleon hinweggefegt. Aber die Zeit war den Menschen dort vielleicht gar nicht so schlecht bekommen. Für uns speziell ist wichtig, daß man von der aufkommenden Mode der „jardins romantiques" erfuhr. Durch neue, freiere Auffassungen, wie sie die Schriften Rousseaus und die französische Revolution vermittelt hatten, warf man in Frankreich vieles über Bord, was an feudale Zeiten erinnerte. So trennte sich die neue Gärtnergeneration von der Mode der gestutzten Rabatten und symmetrischen Pflanzungen. Gärten und Parks sollten sich nun in die Landschaft hinein öffnen, sogar möglichst mit ihr verschmelzen. Neben die geraden Alleen trat der verschlungene, romantische Weg zum Lustwandeln, an jeder Biegung für eine neue Überraschung gut. Alle möglichen Baulichkeiten: Teehäuser, Freundschaftstempel, Grotten und künstliche Ruinen dienten als Blickpunkte.
Wir kennen einen frühen Vorläufer solcher Gärten, noch in Mischung mit den althergebrachten symmetrischen Pflanzungen: den Schloßgarten von Rheinsberg. Unter Prinz Heinrich, dem Bruder Friedrichs des Großen, dehnten sich die Parkanlagen immer weiter um den See herum aus. Über diesen See hinweg entstand eine freie Blickachse vom Schloß auf einen Obelisken am anderen Ufer, den der Prinz errichten ließ.
Von England kam die Mode der immer offeneren Landschaftsgestaltung aus anderen Gründen auf den Kontinent herüber. Parforce- und Fuchsjagden machten auf in den Wald gehackten Alleen nicht richtig Spaß. Man brauchte weite „plains", allenfalls mit Baumgruppen und Gebüschinseln, wo sich das Wild verstecken mochte. Die vorhandenen Viehkoppeln boten sich für die Öffnung an. Wir kennen die Bilder von Constable, wo in weiter, gegliederter Landschaft ein Kirchturm, etwa im Tudor-Stil, ein Signal setzt. Die Reiter erfanden dann auch das Steeplechase, das Jagdrennen in Richtung auf den Kirchturm in der Ferne.
Darf ich abschweifen? In England lernte ich in den fünfziger Jahren einen Nachkommen des Malers Constable kennen. Er fuhr mich durch die Landschaft Südenglands, und wo er stehen blieb, bot sich jedesmal in der Natur ein „Constable", eine unzerstörte Vorlage zu einem seiner Bilder.
Überflüssig zu erwähnen, daß wir am Schluß das Landhaus dieses Herrn besuchten. Tudorstil und allerkrummste Fußböden. An den Wänden hingen vier oder fünf Constables der schönsten Art.
Will sagen, die Veränderungen waren fällig und deuteten sich an. Schon unter dem Nachfolger Friedrichs des Großen, dem Dicken, Mätressen zugeneigten Friedrich Wilhelm II, sehen wir, daß im Neuen Garten mit dem Marmorpalais sich die freiere Auffassung durchzusetzen begann. Seiner „Lieblingsfrau", der Trompeterstochter, die nun eine Gräfin Lichtenau war, baute der lebensfrohe „dicke Wilhelm" ein Palais an der Parkseite, damit auch sie den freien Blick über den Heiligensee genießen sollte.

Ein Blick, später verziert durch den grotesken Bonbon der „gotischen" Bibliothek. Das Außergewöhnliche waren nicht die Bücher, sondern eine Aussichtsplattform – Blick bis nach Glienicke hinüber.
Die Lieblingsfrau kam nicht mehr in den Genuß dieser Anlagen. Nur elf Jahre regierte Friedrich Wilhelm II. Sein Sohn und Nachfolger, Friedrich Wilhelm III, zeigte sich als Moralapostel. Die Gräfin Lichtenau wurde verbannt, ihr Vermögen erst einmal eingezogen. Doch ihre Schöpfung überdauerte: Das Lustschlößchen auf der Pfaueninsel, gebastelt hauptsächlich von dem heimischen Zimmermann Brendel, der, glaube ich, aus Nowawes kam. Die leuchtend weiße Fassade war gedacht, einen Blickpunkt vom Marmorpalais aus zu bieten.
Merkwürdigerweise nahm der Nachfolger, verheiratet mit der hochgelobten Luise, den Pfaueninsel-Nachlaß an, trotz der väterlichen Mätresse. Lenné arbeitete gerne mit dem für die Insel zuständigen Hofgärtner Ferdinand Fintelmann zusammen. So entstand zum Beispiel ein wunderbarer Rosengarten mit etwa fünftausend Rosenstöcken. Man sagt, alle Rosen, die in unseren Gärten blühen, stammen aus Malmaison, von der Kaiserin Josephine. Möglicherweise war indirekt dieser Rosengarten dem verhaßten Napoleon zu verdanken. Lenné war genügend von französischer Lebensart infiziert, daß wir annehmen können: Die Pfaueninsel-Rosen wurden von ihm importiert.
In dem sonderbaren Schlößchen dort gibt es ein Kämmerchen, das gerne gezeigt wird. Darin steht ein Feldbett, und darauf schlief FW III. Seine Luise hatte es ein bißchen kuscheliger. Aber mit dem Mann war's hoffnungslos. In Paretz ließ er sich von Gilly ein Gutshaus in unübertroffenem Understatementstil bauen. Von außen wirkte es damals bereits fast so trist wie heute, nachdem es ein paar Jahrzehnte als Tierproduktion-Zentrale gedient hat. Da spielte dieser Zeitgenosse Napoleons nun Landjunker, und seine Luise mußte sich Kornähren und Margeriten ins Haar flechten und mit den Dorflümmels tanzen.
Für's „Gesamtkunstwerk" Potsdam fiel dabei wenig ab. Überdies stagnierte sowieso Vieles des großen Korsen wegen, der nach der Schlacht von Jena und Auerstedt Preußen ziemlich platt machte. Und als er weg war, gab es erst einmal Mißernten und eine Wirtschaftskrise. Ein Hoffnungen erweckender junger Baumeister, der zu Beginn des Jahrhunderts zwei beachtliche Gesellenstücke hinterlassen hatte, nämlich den Pomonatempel auf dem Potsdamer Pfingstberg und die Meierei auf dem Hardenbergschen Besitz im Oderland, verschwand für fünfzehn Jahre. Sein Name: Friedrich Schinkel. In Italien schlug er sich als Maler durch. Aufträge für Architekten fielen in Preußen nicht an.
In den Gärten und Parks von Sanssouci herrschte jene Phalanx von Gärtnern, die wir auf einem speziellen Geviert des Bornstedter Friedhofs beigesetzt finden. Da sind vor allem die Sellos, eine Gärtner-Dynastie, nach der diese Friedhofsecke benannt wurde: Man spricht regelrecht vom „Sello"-Friedhof. Wir haben Bilder, Porträts von ihnen. Diese Porträts zeigen wieder einmal herrliche brandenburgische Querköpfe. Der Umgang mit diesen Herren wird schwierig gewesen sein. Dem zu Anfang des 19. Jahrhunderts zuständigen Gartendirektor Schulze hatte bereits im Jahr 1798 ein Hofmarschall bescheinigt, daß er „nicht die geringste Kenntnis von der Gärtnerei besaß."
Wie für Jung-Schinkel gab es auch für Lenné erst einmal keine Aussicht, in Berlin-Potsdam Fuß zu fassen, obwohl er nun preußischer Staatsbürger war. Seine Gärtnerlehre hatte er 1808 bei einem Onkel in Brühl abgeschlossen. Reisen führten ihn nach Süddeutschland, in die Schweiz

und nach Paris, wo er im Jardin des Plantes „conditionierte“.
Noch wußte er nicht, ob er dem Wunsch seines Vaters nachgeben und wissenschaftlicher Botaniker werden sollte. Doch in Paris lernte er Gabriel Thouin kennen, wahrscheinlich den bedeutendsten Vertreter der Idee der romantischen Gärten. Von Thouin erschien dann ein damals viel beachtetes Werk mit in Kupfer gestochenen Park- und Gartenplänen. Es ist anzunehmen, daß Lenné diese Pläne kannte, lange bevor das Buch veröffentlicht wurde; daß er zusätzlich einen Kursus über Architektur belegte, wollen wir im Auge behalten.
Schließlich fiel die Entscheidung zugunsten der praktischen Gartengestaltung. Lenné ging 1812 nach Wien und Laxenburg. Er entwarf einen Plan für neue Parkanlagen. Besucher Laxenburgs heute können sich freuen, daß wenigstens ein Teil der Entwürfe verwirklicht wurde.
Warum nicht alles? fragen wir uns. Und stoßen auf eine Tatsache, die auch heute manch mutiges Projekt zum Erliegen bringt: Die Fördermittel fehlten.
Lenné schlug sich mit der Beschneidung der Finanzen in Permanenz herum, dort in Laxenburg, später in Preußen. Im Juli 1815 kam er an den Rhein zurück, ausgestattet mit dem Titel: Kaiserlicher Garten-Ingenieur. Anstelle der zerstörten Festungswälle der Stadt Koblenz sollten Parkanlagen entstehen, und der „Heimkehrer“ wurde für die Planung eingesetzt, was ihm einen gewissen Ruf verschaffte.
Friedrich Wilhelm III, der Paretzer und Mann von Königin Luise, besaß ein unbestreitbares Talent, sich die richtigen Leute auszusuchen. Wir erinnern an unter seiner Ägide wirkende Männer wie Kanzler Hardenberg, Freiherr vom Stein, Blücher, Graf Yorck zu Wartenberg (der die Vereinbarung von Tauroggen traf) und viele andere.
Für die Hofgärten war der Hofmarschall von Maltzahn zuständig. Jener Trend war da, der als Ergebnis die bedeutenden Gartenanlagen von Wörlitz-Dessau und Muskau zeitigte. Maltzahn oder sein Vorgänger hatte für den Neuen Garten August Eyserbeck, den Schöpfer von Wörlitz, gewinnen können, aber das blieb ein Einzelfall. Für Berlin und Potsdam fehlte ein Mensch mit Phantasie, aber auch mit Durchsetzungsvermögen, um die inzwischen eingetretene Stagnation aufzuweichen. Eine Verquickung glücklicher Umstande führte dazu, daß sich Lenné 1816 bei Maltzahn bewarb und angestellt wurde. Lenné wurde wie eine Bombe eingeschmuggelt. Hofgärtner Morsch setzte ihn zuerst als „Gartengehilfe“ im Neuen Garten ein. Chef Schulze ahnte nicht, was ihm bevorstand. Doch acht Jahre später war der junge Mann aus Bonn Gartendirektor und Schulze gleichgestellt. Der beschwerte sich: Er habe von unten auf gedient und habe, als der König rief, wenigstens im Landsturm die Waffen getragen. Und endete seine Tirade: „Hätte Herr Lenné ein Gleiches erfahren, so würde er wie ich Subordination gelernt haben, und es schadet ihm gar nichts, wenn er sie jetzt noch kennen lernt.“
Eine Haltung, sehr ehrenwert, aber sie erinnert an den verschluckten eisernen Ladestock. Lennés Sache war das nicht, mit Subordination wächst nichts im Blumentopf. Er war, das stellte sich immer mehr heraus, der geniale Kaputt- und Ganzmacher. Ohne Zerstörung des Alten war fürs Neue kein Platz zu gewinnen. Was erhaltenswert war – und dies war Lennés Erkenntnis – schrieb ohnehin die vorhandene Natur und Landschaft vor, man brauchte ihr nur nachzugeben, im Großen wie im Detail.
Im Großen: Erweiterte Blicke über die Havelseen, hin zum anderen Ufer, nach Glienicke, Babelsberg und so weiter. Im Detail: Gestoppte Erosion der Ackerflächen durch Hecken, Entschandelung der Agrar- und Viehzuchtflächen durch unauffällige Zäune, dann Auslich-

tung der Forsten, Freilegung alter Sichtachsen, schließlich Schöpfungen selbständiger Ensembles zusammen mit neu entstehender Architektur.
Das Pariser Studium wirkte sich aus, als in Zusammenarbeit mit Schinkel das reizende Charlottenhof entstand. Doch dies fiel bereits in die Phase, als Lenné, nach dem Abgang Schulzes, freier wirken konnte. Seine frühen Pläne, wie der bereits 1816 entstandene Entwurf für Sanssouci und die folgenden zeigen allerdings schon, was ihm vorschwebte. Das Ausräumen des vollgekramten Wohnzimmers, vom Wildpark Potsdam bis zum Tiergarten in Berlin.
Das war ein kühner Gedanke: Vorhandenes an Städtebaulichem wieder in die Landschaft einzugliedern. Im kleinen Maßstab war das ja schon einmal dem Großen Kurfürsten in Potsdam gelungen. Hatte die Umsetzung ins Weiträumige Chancen, wie es nun der neuen Zeit, dem ausbrechenden Industriezeitalter entsprach? Dieser Schlot- und Maschinenepoche, die rechtzeitige Schritte zur Erhaltung der Natur für den Menschen verlangte?
Ein fünfzig Jahre währender Kampf um den Berliner Tiergarten setzte ein, den Lenné in einen Volksgarten umgewandelt wissen wollte. Im von ihm geschaffenen Volkspark Magdeburg gab es ein Beispiel seiner Vision. Aber die Berliner Bürokraten zeigten sich hart wie später der sprichwörtliche Kruppstahl. Lenné drohte mit Kündigung.
Ein grimmiger Mensch? Schilderungen seines Privatlebens zeigen Lenné durchaus als das, was wir „rheinische Frohnatur" zu nennen geneigt sind. Verheiratet mit der Tochter des Hofgärtners Voß führte er im Gartendirektionsbau am Eingang zum Marlygarten ein gastfreies Haus. Zeitgenossen wie die Tänzerin Fanny Elsler, der Geschichtsprofessor Leopold von Ranke, der Schauspieler Devrient und der Bildhauer Begas, der eine Büste von Lenné schuf, und viele andere berühmte oder nicht berühmte Gäste waren oft geladen.
Das Personal wird uns eher grotesk geschildert. Diener Karl, der sich nicht scheute, sogar den König warten zu lassen. Kutscher Frehse mit berühmtem Schimmelgespann, eine Quasselstrippe erster Güte. Zwischen den Gästen liefen die gutmütigen Neufundländer umher, angeblich sollten die Hunde die Gartenkasse bewachen.
Als nahe Freunde verkehrten im Haus Hofgärtner Sello und Fintelmann-Pfaueninsel, deren hübsche Töchter den Rahmen bildeten für Feste, Picknicks, Bootsausflüge und Theateraufführungen. Auch Goethe-Freund Zelter, Direktor der Berliner Sing-Akademie, scheint zum engeren Kreis gehört zu haben.
In einem Brief Zelters an Goethe lesen wir: „Die letzten Pfingsttage habe ich in Sanssouci beym Gartendirektor Lenné verlebt, in dessen Wohnung neben dessen hübscher Frau (des Hofgärtners Tochter) ich mich unter Blumen und Blüten wie ein Käfer befunden habe. Die königlichen Gärten, welche ohne Ausnahme unter diesem genialischen, tüchtigen, lebensfrohen Manne stehen, der mir zugethan ist, sind mir um so mehr offen, da ich auch zugleich mit sämtlichen Gartenleuten hübsch bin, als wenn alles mein wäre, und da ich eben nicht oft komme, so wird man mein nicht satt und ich auch nicht."
Goethe schickte Lenné seine morphologischen Hefte, und der zog sich fein aus der Affaire. Die Buchstaben, ließ er Goethe über Zelter wissen, kämen ihm vor wie die Blätter des Baumes der Natur.
Auf den Inhalt ging Lenné nicht ein, wahrscheinlich hat er den Text nie gelesen, jeder von uns kennt solche Unterlassungen. Der Sangesfreude jener Zeit entging allerdings unser Gartendirektor nicht, und er wurde Mitglied der Potsdamer Liedertafel. Was man dort nach den Freiheitskriegen mit „voller Kehl und frischer Brust" schmet-

terte, können wir uns ungefähr denken, wenn wir uns vergegenwärtigen, daß sich „Lützows wilde verwegene Jagd" bis in unsere Tage gehalten hat.
Wie Lenné sein ungeheueres Arbeitspensum schaffte ist schleierhaft. Schließlich rühmten sich eine Menge preußischer Junker, daß ihr Gutspark oder -pärkchen von Lenné entworfen sei, und wahrscheinlich stimmte das sogar in der Mehrzahl der Fälle. Die Verbesserung der Lebensqualität auf dem Lande, wo nun neue Agrartechnik sich ausbreitete, lag Lenné durchaus am Herzen. Daß er dabei auch das Los der Gutsarbeiter bedacht hätte ist wenig wahrscheinlich. Er war ein Kind seiner Zeit. Sein Augenmerk galt eher der Großstadtbevölkerung, die er aus den frühen Mietskasernen (sie waren so ungemütlich wie die späteren der Gründerzeit) hinauslocken wollte in die Volksparks.
Zwar zeichneten schließlich der im Fahrwasser Lennés bekannt gewordene Gustav Meyer und andere Mitarbeiter die meisten Lenné-Pläne, doch bleibt Lennés Werk gigantisch. Wir nennen nur: Die Mitgründung der Gärtnerlehranstalt zur Ausbildung von „Gartenkünstlern", wie es damals hieß, und der Landesbaumschule. Die Umwandlung der Parkanlagen von Sanssouci, unter Einbeziehung neuer Parkteile und schließlich die von Charlottenhof. Neuer Garten (Marmorpalais) mit Umgebung und havelüberwindenden Blickachsen. Zoologischer Garten Berlin. Umgestaltung des Berliner Tiergartens. Dreistufen-Plan für die Pfaueninsel inklusive Einrichtung des von Albert Schadow entworfenen Palmenhauses (1880 durch Feuer vernichtet). Umgestaltung der Landschaft beim Blockhaus Nikolskoe und von Kanzler Hardenbergs Klein-Glienicke-Park.
Hier ließ Lenné die Pappeln umlegen, die den Blick zum Neuen Palais versperrten. Ein Versuch in jüngster Zeit, diese Blickachse wiederherzustellen, scheiterte beinahe am Trotz der Naturschützer. Heutzutage hackt man keine Bäume mehr ohne weiteres um. Zum Nachteil Sanssoucis übrigens, das in immer mehr sich ausbreitenden, düster wirkenden Gehölzen nahezu erstickt.
Lenné und seine Zeitgenossen scheuten sich nicht, zugunsten des großen Ganzen Details zu zerstören. Aus Neuhardenberg wurde erzählt, daß Kanzler Hardenbergs Schwiegersohn, Fürst Pückler, eine störende Allee niederlegen ließ, während die Gesellschaft beim Mittagessen saß.
Fazit: Man sollte ruhig daran glauben, daß Bäume wieder nachwachsen. Man muß ja nicht so weit gehen wie einst jener westdeutsche Automobilclub, der, um der Untalentiertheit der Autofahrer Raum zu geben, gleich sämtliche Alleebäume absägen ließ.
Doch wir schweifen ab und wollen noch einmal auf Klein-Glienicke zurückkommen. Dort scheint Lenné dem pücklerschen Grundsatz nachgegeben zu haben, daß der Mensch sich in großzügiger, gewaltig künstlerisch gestalteter Landschaft vielleicht nicht wohlfühle. Vielmehr brauche er, nahe beim Haus, sein bewohnbares Gärtchen, den Pleasure-Ground.
Den finden wir hier nun in Klein-Glienicke, und der schon erwähnte Maler und Dichter konnte melden: „Die Anlage erregte durch ihre neue Anmuth Aufsehn und war für die Gartenkunst der Umgebung nicht ohne gute Folgen."
Unsere Liste des Lennéschen Wirkens läßt sich beliebig fortsetzen. In Reichenbach, Pommern, erwies sich Lenné als Praktiker. Da extensiver Getreideanbau wegen sinkender Preise keine Chance hatte, entstand hier, zusammen mit dem Besitzer Carl G. Bethe, ein Plan zur alternativen Nutzung. Größere Flächen wurden aufgeforstet. Auf 57 ha wurden Obstkulturen angelegt, und es entstanden in etwa gleichem Umfang Triften, auf denen

Hochleistungsschafe gehalten wurden. Diese Triften mußten so gut wie staubfrei sein, da sonst die Wolle litt. Selbstverständlich öffnete sich auch hier der kleine Park zu den Feldern und Brachen und den geschickt verteilten Forstparzellen.
Nicht umhin können wir, Boitzenburg in der Uckermark zu erwähnen, wo der Graf Arnimsche Besitz wiederum in einen Gesamtumgebungsplan einbezogen wurde. Jetzt noch, wenn auch stark verwuchert, ist Lennés Handschrift erkennbar. Und wenn wir heute, nach Öffnung der Glienicker Brücke, auf Schinkels wohl größtes Horreur, Schloß Babelsberg, blicken, so bleibt uns der Trost, daß dort Lennés Parkanlagen mit ihren reizenden Wegen und vielfältigen Aussichtspunkten wiedererstehen:
Da in Babelsberg sieht man so recht, wie's gemeint war. Wer jemals von dort, wohlgemerkt das Horrorschloß im Rücken, zur Glienicker Brücke und zum hoffentlich bald wieder ganz und gar freigelegten Glienicker Schlößchen, zur Großen Neugierde, zum Wannsee und nach Sacrow hinübergeschaut hat, wird Lennés „generelle" Absicht begreifen.
Verschwiegen wird nicht, daß es Lenné war, der anläßlich eines Besuchs bei Prinz Carl, dem neuen Besitzer von Klein-Glienicke, den gleichfalls anwesenden Prinz Wilhelm auf den Babelsberger Hügel aufmerksam machte. Der, uns später als Kaiser Wilhelm bekannt, ließ sich von Schinkel das düstere anglophile Kastell aufmauern. Der Prinz heiratete seine Augusta und teilte ihr erschreckt mit, daß Lenné einen Blumengarten anlegen wollte. Was dann wegen Geldmangel erst einmal unterblieb, zur Freude dieses Musterpreußen, der, zuerst als „Kartätscherprinz" bekannt, es dann unvorhergesehen zum König und sogar Kaiser brachte. Als solcher wurde er erwischt, wie er die Nähte seiner alten blauen Reithose mit Tinte nachfärbte.

Doch wir greifen schon wieder vor. 1840, genau hundert Jahre nach dem großen Friedrich, bestieg Friedrich Wilhelm IV, Sohn Königin Luises, den Preußenthron. Für Männer wie Lenné und Schinkel, wie wir sehen werden, ein Glücksfall: für Preußen-Deutschland, von heute gesehen, eine kleine Schwierigkeit. Zuhause wurde der neue König der „Butt" genannt, wegen seines „runden" Aussehens.
Für das Erfassen politischer Strömungen und die daraus resultierenden praktischen Notwendigkeiten zeigte FW IV wenig Sinn. Überhaupt lag ihm Reales nicht, heute würden wir sagen:
Der Mann hob ab. Von seinem Gottesgnadentum überzeugt, schuf er sich einen mit echten und falschen Frömmlern besetzten Hofstaat, baute in seiner Regierungszeit mehrere hundert Kirchen, war aber nicht fähig, die revolutionären Strömungen von 1848 zu beurteilen oder gar zu kanalisieren. Er war mit Elisabeth von Bayern verheiratet, die vom Katholizismus zu seinem Glauben übertrat und schon deshalb nicht geeignet war, für gereinigte Luft am Berliner Hof zu sorgen – was sie vielleicht gekonnt hätte.
Schließlich gingen Unter den Linden sogar die Gardeleutnants mit gebeugtem Haupt und Gebetbuch unter dem Arm spazieren. Vehse, Hofberichterstatter, schrieb über den damaligen Kronprinzen, der nun bald darauf König wurde: „Mehr und mehr verdichteten sich seine Ideen zu einer allen modernen Anschauungen entgegenstehenden Auffassung der Herrscherwürde. Wie ein Gott wollte er auf den Höhen wandeln, der erste Edelmann des Reiches, mit seiner Erleuchtung – direkt vom Himmel empfangen – mit seiner Schaffenskraft – dem Titanen gleich – die Niederungen menschlichen Lebens befruchtend, erweckend, ausgestaltend. Ein glänzender Hofstaat mächtiger Vasallen sollte seine Umgebung bil-

den: Fürsten, Herzöge, Grafen, hoher und niederer Adel... und in nebelhafter Ferne sah er das Volk, eine jubelnde, beglückte, an des Königs Lippen und Gebärden hängende Menge. Es war die auf sein künftiges Herrschertum ohne weiteres übertragene romantische Ritterlichkeit des Mittelalters, die vor dem trunkenen Auge seines ungezügelten Geistes auftauchte.
Und dazu gesellte sich nun noch die lange Wartezeit auf Zepter und Krone. Er war nun fast fünfundvierzig Jahre alt und noch immer Kronprinz. Das Wohlleben hatte ihn beleibt gemacht, und die Züge seines bartlosen Gesichts begannen bereits schlaff zu werden."

Kein Wunder, daß der Mann dann, kaum auf dem Thron, sich einbildete, er müsse Sanssouci mit neuem Leben erfüllen, an Fritzesche Tradition anknüpfend. Der „Butt" war es, der Friedrichs Schlafzimmer, „wegen Gestank" umgebaut, nun in Besitz nahm.
Die andere Seite: FW IV war künstlerisch begabt. Er zeichnete und dilettierte als Architekt. Schinkel und Lenné kamen ihm gerade recht, mit ihnen zusammen bastelte er sich den heute noch reizenden Kronprinzensitz Charlottenhof im Sanssouci-Park. Ein bescheidener Anfang, dem bald, ähnlich wie beim bayerischen Ludwig II, ein gigantischer Bau- und Landesverschönerungs-Boom folgte, nur hin und wieder gebremst durch Geldmangel und durch Verzögerungsmaßnahmen der in den mittleren und unteren Ämtern sitzenden Betonköpfe – eine Situation, mit der wir wiederum heute hier und dort konfrontiert werden.
Erstaunlich ist, wie Lenné und wohl auch Schinkel ihr Schaffen an den Auswirkungen des politischen Desasters vorbeijonglierten. Varnhagen von Ense, der als Legationsrat und Schriftsteller in Berlin lebte, hinterließ uns eine treffende Anekdote:

„Ein Bekannter begegnete dem Gartendirektor Lenné, der täglich mit dem König arbeitete und fragte: ‚Was machen Sie denn?' – ‚Projekte', erwiderte dieser mit größter Ruhe, ‚nichts als Projekte, jeden Tag ein neues, der König ist unerschöpflich, eines jagt das andere'."
Rauch hat, als er Lennés Büste schuf, seinen zu dieser Geschichte passenden listigen Charakterzug erfaßt. Dieses Genie konnte niemand und nichts aufhalten, und dieser König, der ein verhinderter Künstler war, wurde benutzt und ausgenutzt, soweit es ging. Daran besteht kein Zweifel.
In Schinkel, gewissermaßen das zweite Pferd, das FW IV vor seinen Kunst-Triumphwagen spannte, erwuchs ihm der kongeniale Architekt. Das Schinkel-Bild gehört zurechtgerückt. Auch er kam über den „klassischen" Abklatsch nicht hinaus, darin war er ein Kind seiner Zeit, und die „Neue Wache" Unter den Linden sticht uns als ein brutaler, städtebaulich an dieser Stelle unmöglicher Klotz immer noch ins Auge. Auch das Alte Museum könnten wir uns durchaus etwas feiner vorstellen. Wenn wir uns heute Schinkels Schöpfungen und vor allem seine unausgeführten Entwürfe ansehen, so könnte ein Mensch fern jeder Ehrfurcht glatt behaupten: Hier war eine Art früher Albert Speer am Werke.
Glücklicherweise wird Gigantomanie durch Geldmangel oder geschichtliche Ereignisse auf ein erträgliches Maß zurückgeschraubt – oder fast: Die Kuppel der Nikolaikirche sitzt Potsdam wie ein Geschwür im Nacken. Glücklicherweise kamen des Monarchen zahllose Entwürfe zu einem monströsen Schloß Belriguardo auf dem Tornow gegenüber dem Potsdamer Werder wegen Geldmangel nicht zustande. Die von Herrscher und Baumeister vorangetriebene Gigantomanie gipfelte in einem Entwurf Schinkels für Schloß Orianda auf der Krim.
Gewissermaßen als Trost hat Schinkel uns ein so feines

Bauwerk wie das sogenannte Casino im Schloßpark von Charlottenburg hinterlassen. Zwar ist auch das Casino einer römischen Villa nachempfunden, doch führt hier, von Proportion und Raumempfinden her, ein direkter Weg zu einem so bedeutenden Architekten wie Adolf Loos, der fähig war, Außen- und Innenräume in Beziehung zum Menschen zu setzen, und zwar konsequent, nicht nur hier und da wie sein Vorgänger Schinkel.
Unter dessen Nachfolgern Persius und Stüler machten Gigantomanie und Strenge einer mehr heiteren, sagen wir: toscanesischen Nachempfindungs-Architektur Platz. Wir verdanken dieser Epoche den Potsdam immer noch prägenden ländlichen Villenstil, kulminierend in der einigermaßen herübergeretteten Gesamtanlage von Dorf und Gut Bornstedt, heute Potsdam, Ribbeckstraße. Bis zur Wende ackerte hier die Landesproduktions-Genossenschaft „Max Dortu", 1958 gegründet. Und da die Gebäude gebraucht wurden, blieb manches in erträglichem Zustand erhalten, und wir freuen uns besonders über die Gliederung von Landschaft und Bebauung mittels des „toscanesischen" Turms, – der sich mächtiger wiederholt im Campanile der 1857 eingeweihten Kirche.
Der Entwurf für Kirche und Loggia stammt von August Stüler.
Im übrigen war aber für die Bauausführung und für den Gesamtkomplex Johann Heinrich Haeberlin zuständig, dessen Wirken zu Unrecht fast vergessen ist. Von Lenné stammte der Vorschlag, daß der König Bornstedt von seinem damaligen Eigentümer, dem Militärwaisenhaus, zurückerwarb: Pacht genüge, meinte Lenné, der vor allem diesen „Appendix" in die Neugestaltung der Ruinenberg-Region einbeziehen wollte. Der König kaufte.
Glücklicherweise brannten 1846 die Gutsgebäude ab, und die Troika Lenné-Haeberlin-Stüler konnte tätig werden. Campanile und Waschhaus-Turm schafften die Vertikalen, die Lenné als Blickpunkte vom Seeufer gegenüber im Sinn hatte.
Kuriosum ist, daß der Turm einen Schornstein verbarg, an dem zusätzlich die Backstube angeschlossen war. Tarnlösungen waren damals beliebt, wir erinnern an die Maschinenhaus-Moschee in Potsdam.
Als ich nach der Wende mit Freunden, die als Bornstedt-Fachleute galten, leichtfertig den Gutshof betrat, wurden wir allerdings gerügt. Inzwischen war der Verband der Landtechnik-Betriebe Brandenburg e. V. dort eingezogen, und man sah es nicht gerne, wenn „Unbefugte" eindrangen und gafften.
Während ich dies schreibe, lese ich in der Zeitung, daß die UNESCO-Weltkulturkommission Potsdam die vorgesehenen Förderungsgelder entziehen will, weil sie „ein übergreifendes Leitbild für die Pflege und den Erhalt der Kulturlandschaft" vermisse.
Aus – auch für Bornstedt? Das wäre schade. Dorn im Auge ist den UNESCO-Funktionären vor allem der am S-Bahnhof von englischen Investoren geplante „Überbau". Potsdams Stadtbaudirektor Richard Röhrbein ist dafür. Eine „historisierte" Stadt Potsdam in Konsequenz, meint er, sei für den Bürger unbewohnbar.
Womit er wahrscheinlich Recht hat. Leider, sagen wir, als Anhänger der Lennéschen Pläne. Für die Wiederherstellung mancher großzügiger Perspektive wäre immer noch Zeit und Platz. Doch müssen wir wohl zusehen, wie das „Wohnzimmer" Potsdam wieder zugeräumt und vollgekramt wird. Zuletzt werden sie, zugunsten des neuen Schiffahrtsweges für Euro-Schuten, die Glienicker Brücke anheben, und sie wird dann wie ein Strich durch Lennés Schöpfungen wirken.
Beschäftigen wir uns damit noch ein bißchen, mit diesen Schöpfungen. Entwürfe Lennés, teils ganz, manchmal nur teilweise, im schlimmsten Fall gar nicht ausgeführt,

finden wir während der gesamten Zeit seiner Tätigkeit für Potsdam, Berlin, die peußischen Lande, aber auch grenzüberschreitend. Oft überrascht uns der Praktiker mit Patentlösungen. So ließ er im Schloßpark Charlottenburg 12 150 Kubikmeter Erde anfahren, um die Sumpflöcher aufzufüllen.

In Baruth südlich von Berlin war das Problem der hohe Grundwasserspiegel, den er durch ein System von Gräben absenkte, ohne den romantischen Aspekt des Parks aufzugeben. In Ansätzen ist das heute noch zu sehen. Allerdings kämpfen die Baruther heute mit dem umgekehrten Problem. Durch Melioration wurde der Grundwasserspiegel so niedrig, daß die Wände der Bauwerke Risse bekamen. Schön ist in Baruth der alte Baumbestand, der wieder einmal das vorausschauende Denken und Planen des Kaputt- und Ganzmachers beweist.

Ach, ja. Viele seiner Schöpfungen sind verschwunden, vernichtet, überwuchert. Es müßte der Beruf des Gartenbau-Detektivs geschaffen werden, um eine einigermaßene Bestandsaufnahme zu sichern. Doch wird auch der aufmerksame Laie, auf den Spuren Lennés reisend, hier und dort entdecken, wie's gemeint war. So in Neuhardenberg, zu DDR-Zeiten Marxwalde, wo er wahrscheinlich gemeinsam mit Pückler, dem Schwiegersohn des Ministers Hardenberg, tätig war. Der Besitz, von den Nazis enteignet, wurde jüngst der Familie zurückgegeben und dann an den Sparkassen- und Giroverband verkauft. Es ist zu hoffen, daß auch die Parkanlagen von den geplanten Investitionen profitieren.

Niederschönhausen war Wohnsitz von Königin Elisabeth Christine, der Frau vom alten Fritz. Um 1820 wurde das Schloß, zuletzt Gästehaus der Regierung der DDR und deshalb wohlerhalten, von der Herzogin von Cumberland bewohnt. Lenné wurde hier tätig, um den Barockgarten in einen Landschaftspark zu verwandeln, doch blieben die Arbeiten aus Geldmangel stecken. Heute sind dort zwar seine berühmten „Durchblicke“ in Ansätzen zu erahnen, doch blieb die geometrische Aufteilung der Parterre-Flächen erhalten.

Grenzüberschreitend lieferte Lenné Pläne für Ludwigslust und Schwerin, dort übrigens in Zusammenarbeit mit Stüler. Lenné trug diese Arbeit den Titel „Mecklenburgischer Gartendirektor“ ein. Überhaupt häuften sich Orden und Ehrungen aller Art. Sein Chronist und „Eckermann“ Wichmann erzählt: „Lenné erschien nämlich morgens, als wir im kleinen Ochsenaugenzimmer beim Frühstück saßen, im Schlafrock, der sowohl vorne wie hinten mit Kreuzchen, Sternen und großen Ordensbändern derartig gespickt und umwunden war, daß alle diese Herrlichkeiten bis an die Knie herunterschlappten. Da war ein Portugiese, ein Österreicher, ein Sachse, ein doppelter Russe, ein alter Schwede, ein über den Ocean gereister Brasilianer, der Medaillen an Schleifen, so er von Gartenvereinen und städtischen Behörden empfangen, der Ketten von botanischen Gesellschaften und anderer Dekorationen von kleinen Potentaten gar nicht zu denken.

Indem er sich nun in diesem buntscheckigen Kostüm, das ihn kaum von einem venetianischen palombaro oder römischen arlecchino unterschied, zur Gratulation einstellte, spielte er, gleichsam über sich selbst (sich) lustig machend, den Clown aus... Niemand gab weniger auf dergleichen ‚Tand', wie er es nannte.“

Selbstverständlich war Lenné Mitglied der Berliner Akademie. FW IV, sein Hauptarbeitgeber, verlieh ihm 1854 den Titel „General-Gartendirektor“. Vier Jahre später entschloß sich die Stadt Potsdam den Mann, dem sie so viel verdankte, zum Ehrenbürger zu machen, und eine Straße wurde nach ihm benannt. Schließlich verlieh ihm die Universität Breslau den Ehrendoktor.

Wir erwähnen aus der langen Liste der Schöpfungen

Lennés nur noch: Roseninsel im Starnberger See, damals Insel Wörth. Königlicher Park zu Hohenschwangau, im Auftrag König Maximilians von Bayern, der mit einer preußischen Prinzessin verheiratet war. Krankenhaus Aachen. Bad Neuenahr. Bad Homburg v. d. Höhe. Park Feldafing, um das nur in den Grundmauern ausgeführte Schloß herum. Heil- und Pflegeanstalt Lengerich.
Hinzu kamen Bebauungspläne für neuzuschaffende Berliner Stadtviertel, für Anbindungen an Schiffahrtswege. Das waren Routinearbeiten, die den General-Gartendirektor und sein Planungsbüro in steter Bewegung hielten, und erstaunlicherweise ist auf so gut wie allen Plänen, die wir kennen, seine persönliche Handschrift ablesbar, sein Prinzip, Bebauungsfläche und Landschaft miteinander zu verbinden und dem Auge erfreuliche Ausblicke zu verschaffen.
Manche Planungen scheinen Lenné ausgesprochen Spaß gemacht zu haben. In der Person der Herzogin Friederike von Anhalt-Bernburg zum Beispiel, die Schloß Ballenstedt bei Aschersleben bewohnte, scheint er eine verständnisvolle Auftraggeberin gefunden zu haben. Im Park dort gruben bereits dreißig Arbeitslose, die auf Grund ihres Bittgesuches vom Minister Maximilian v. Schaetzell eingestellt worden waren, – eine frühe Arbeitsbeschaffungsmaßnahme.
Lennés Wirken war daran zu erkennen, daß gleich zu Beginn zweiundzwanzig Malter Obstholz zu verkaufen waren. Er hatte die wahrscheinlich überalterten Plantagen flugs niederlegen lassen. Der Ballenstedt-Park wurde, vermute ich, eine seiner reizvollsten Schöpfungen, garniert mit witzigen Skulpturen: Eine Hebe läßt Wasser aus einer Kanne in ein Brunnenbecken fließen. Ein Schäfer kämpft mit einem Panther.

Wir haben gesehen, daß Lenné die Landschaftsplanung von Sanssouci über den Ruinenberg bis nach Bornstedt am Herzen lag. Aufgrund der Vorstellungen des wirklichkeitsfernen königlichen Bauherrn nahm die Umwandlung um ein Haar groteske, gigantische Umfänge an. Der „Butt" wollte hier nämlich eine Triumphstraße entstehen sehen, die beim Schloß mit Paukenschlag Nummer eins, einem mächtigen Viadukt mit vierundzwanzig Bögen beginnen und hinter der Neuen Orangerie an der überdimensionierten Marmorkopie der Thusnelda aus der Loggia dei Lanzi in Florenz enden sollte. Gedacht war daran, die Straße an einem mächtigen Monument für Friedrich den Großen vorbeizuführen.
Zur Ausführung kam glücklicherweise nur Einiges. Stüler entwarf das Triumphtor, dessen Relieffelder die Heimkehr Prinz Wilhelms zeigen, nachdem er in Baden die Revolutionäre hatte niederkartätschen lassen. Am Winzerhaus mit seiner von Pergolapfeilern gekrönten Mauer läßt sich Lennésches Wirken eher erahnen. Und schon gar nicht können wir uns vorstellen, daß ihm das uns heute noch leicht unangenehm ins Auge stechende Belvedere auf dem Pfingstberg gefallen hätte. Ein Aquarell Ferdinand von Arnims zeigt, daß der Entwurf noch weitaus monströser war als dann die Ausführung dieses der römischen Villa Medici nachempfundenen Bauwerks zeigte.
Nach der Wende stand es als Halbruine da, ein bißchen ramponiert und baufällig. Im warmen Sonnenschein streiften wir da oben mutterseelenallein durch die hübschen Reste einstiger Alleen, die Bienen summten, und uns zu Füßen lag Potsdam, ein bißchen vom Dunst verschleiert, so daß Weites uns naherückte und Nahes in der Ferne lag.
Wir stiegen dann an der Villa Henkel vorbei wieder ins Tal hinab. Im Garten der zum Altersheim umgewidmeten toscanesischen Villa sonnten sich blasse Greisinnen, es war Sommeranfang. Eine Insassin versuchte, sich den Hügel

hinab ein bißchen zu verdrücken. Sie wurde von einer außerordentlich kräftigen Pflegerin eingeholt, und es setzte ein paar Ohrfeigen.

Der imperiale Eindruck, wie er für Triumphstraße und Umgebung gedacht war, zeigt sich beeinträchtigt durch datschenbesetzte Kleingärten, die Teile der Berghänge überziehen.

Brutaler noch als dieses Belvedere wirkt auf dem nächsten Hügel die erwähnte neue Orangerie. Sie war gedacht als Quartier für das Personal der königlichen Sommer-Hofhaltung in Sanssouci und für's Unterbringen von Gästen. Schließlich bezog es der König selbst.

Der „Butt", selbstverständlich, fertigte die Ideenskizzen an, die ersten, glaube ich, bereits als Kronprinz. Persius lieferte dann die Pläne. Nach seinem Tod 1845 wurden sie von Stüler vollendet. Man kann den beiden mit Recht namhaften Architekten keine Schuld geben: Majestäts Vorstellungen setzten sich durch. Von 1851 bis 1860 wurde diese Merkwürdigkeit hochgemauert, dreihundert Meter lang, ein Konglomerat italienischer Spätrenaissance- und Barockmotive.

Wenn wir von dem Normannenturm absehen, der sich plötzlich neben den stürzenden antiken Säulen des Ruinenbergs erhob, enden mit der Fertigstellung der Orangerie die Architekturexzesse dieses Königs „Größenwahn", registriert als Friedrich Wilhelm IV.

Wir wollen nicht vergessen zu erwähnen, daß der Storkower Ex-Bürgermeister Tschech ein Attentat auf den König verübte, jedoch nicht wegen architektonischer Sünden. Wegen zu geringer Pulverladung perforierte er nur des Königs Wams und der Königin Hut. Der König rief: „Kinder, mir fehlt nischt!" und trat wie geplant seine Reise nach Bad Ischl an. Begnadigung war in solchen Fällen bereits üblich, aber Tschech wurde hingerichtet, was viel böses Blut machte.

Eingeprägt haben sich merkwürdigerweise weniger die Brutalo-Bauwerke als jene architektonischen Spuren, die er seiner aus Bayern stammenden Gemahlin zuliebe hinterließ: Landhäuschen im malerischen Voralpenstil wie Jagdschloß Hubertusstock, bevor es verschandelt wurde, das Bayerische Haus im Wildpark und das noch ursprünglich wirkende Ensemble nach Tegernsee-Manier in Moorlake. Und dann der hübsche Alterssitz Schloß Lindstedt, für den Lenné, nach vielen Landverschönerungs-Unternehmungen ringsum, eine geniale, an einer dominierenden Längsachse sich orientierende Parkanlage entwarf – ein hochgezüchtetes Modell dafür, wie Pleasure Ground und Romantik-Park sich vereinen lassen.

Lennés Lebenskurve neigte sich dem Ende zu. Eine Gnade des Schicksals vielleicht, denn er wurde nur noch in die Anfänge der Triumphstraßen-Ungeheuerlichkeit verwickelt. Sein Arbeitgeber, der Butt, verfiel allmählich geistiger Umnachtung. Prinz Wilhelm, der nächstältere Bruder, übernahm die Geschäfte – jener, der Bismarck zum Kanzler machte und sich 1871, während der Belagerung von Paris, zum deutschen Kaiser proklamieren ließ.

Wir erinnern uns. Als Prinz-Besitzer von Babelsberg ängstigte ihn bereits Lennés Plan, vor dem Schloß Blumenrabatten anzulegen. Einen Pleasure-Ground brauchte dieser Mann nicht, eigentlich brauchte er überhaupt kein „pleasure".

Die von Lenné gestaltete Landschaft zwischen Nedlitz und Bornim

Nedlitzer Holz

Ruinenberg

Jungfernremise und Heineberg in Bornim

Lennésche Landschaft in Nedlitz

Schäferremise von Nedlitz

Drewitzer Nuthe-Landschaft

Sicht vom Ruinenberg auf Schloß Sanssouci

Ruinenberg

Schloß Cecilienhof

Der Heilige See mit Marmorpalais

Neuer Garten und Marmorpalais

Glienicker Brücke und Villa Schöningen an der Schwanenallee

Jagdschloß Glienicke

Landschaft des Babelsberger Parks mit Kleinem Schloß und Flatowturm

Sicht vom Marmorpalais über den Heiligen See in die Stadt

Templiner See und Brandenburger Vorstadt

Sakrower Heilandskirche und Schloß auf der Pfaueninsel

Havellandschaft an der Sakrower Heilandskirche

Sicht vom Casino des Glienicker Schlosses über den Jungfernsee nach Potsdam

Havellandschaft mit Sicht von Sakrow zur Glienicker Brücke

Im Neuen Garten

Neuer Garten und Heiliger See

Lenné zog sich zurück. Er baute sich ein Haus in Koblenz und bereitete seine Übersiedlung vor. Als er nach Potsdam zurückkam, wurde er krank. An einem Schlaganfall starb Peter Joseph Lenné am 23. Januar 1866. Die Bewohner von Potsdam und Bornstedt erlebten eine prächtige „katholische" Beerdigung. Lenné wurde in Bornstedt auf dem Privatfriedhof der Sellos beigesetzt, sein Grab ist noch heute dort zu sehen.
Eigentlich hätte man sein fünfzigjähriges Dienstjubiläum feiern wollen, dazu kam es nun nicht mehr. Der silberne Lorbeerkranz, auf dessen Blättern die Namen seiner Schöpfungen eingraviert waren und der das Haupt des Jubilars hatte schmücken sollen, wurde nun dem Sarg vorangetragen.
Das Ende seines Arbeitgebers, des Königs, war schauderhaft. Ab 1856 war eine zunehmende Geistesschwäche nicht mehr zu übersehen. Im Jahr darauf, auf der Rückreise von Wien, als man in Pillnitz bei Dresden Station machte, erlitt FW IV einen Schlaganfall. Varnhagen von Ense vermerkte danach in seinem Tagebuch: „Schlimme Nachrichten in Betreff auf die Gesundheit des Königs! Seine Zustände wechseln zwischen Aufreizung und Abspannung, aber die letztere wird immer häufiger und größer, während die erstere abnimmt. Ganze Stunden bringt er in müder Stumpfheit zu, ohne Teilnahme, ohne Willensäußerung; bisweilen scheint es, als könne er sich nicht recht besinnen. Dann rafft er sich auf, thut alles wie sonst, zeigt Lustigkeit, nimmt seine Liebhabereien vor, allein später ist doch die Abspannung um so größer. Man bemerkt, daß die Königin öfter statt seiner antwortet, ihn gleichsam vertritt und ihn deckt... So konnte er vor kurzem bei einer Gelegenheit das Wort Nase nicht finden..."
Bedenkliche Anfälle, verbunden mit Unwohlsein häuften sich. Unumgänglich schien, die Geschäfte seinem Bruder Wilhelm zu übergeben. Als man dem König den ersten Vertragsentwurf vorlegte, tauchte er zwar die Feder ein, kritzelte dann aber damit an die Wand. Am 23. Oktober schließlich unterschrieb er den Vertrag, der Wilhelm als Stellvertreter für drei Monate einsetzte. Es folgte eine Vereinbarung die Wilhelm als Regent einsetzte.
König und Königin reisten nach Rom und Neapel. Nach ihrer Rückkehr erlitt FW IV in der Garnisonkirche einen neuen Schlaganfall. Am 2. Januar 1861 starb er, nach einundzwanzigjähriger Regierungszeit.
Sie hatte Preußen keinen Fortschritt, aber auch keine Katastrophe gebracht. Ein Künstler auf dem Thron war hier allerdings nicht vorgesehen. Der „Butt" hatte versucht, Künstlerschaft und Herrschertum zu vereinen, wie es seinem großen Ahnen dort in Sanssouci so wunderbar gelungen war. Sein Nachfolger Wilhelm war nüchterner Natur, ein royaler Vollzugsbeamter dessen, was Bismarck zusammenbastelte. Politische Erfolge stellten sich, wie wir wissen, im Übermaß ein. Gärten und Anlagen allerdings sanken zu „Pflegefällen" herab. Neue Aufträge gab es nicht.

Wir haben nun heilige Kühe geschlachtet und damit gewiß diese und jene, diesen und jenen brüskiert; Potsdam, klar, kann man so oder so sehen. Den „goldenen Ladestock" wird die Stadt allerdings in der Zukunft kaum mehr erringen. Auch die zweifellos vorhandenen Errungenschaften aus der sozialistischen Epoche, bis hin zu so grotesken Alternativen wie Thälmann-Stadion statt Stadtschloß – werden nur bedingt zukunftsweisend sein. „Was denn?" fragt der kleine Moritz den Herrn Stadtbaurat. Der weiß es nicht, obwohl er Vorstellungen hat. Wir wissen es nicht, denn wir haben nicht einmal eine Vorstellung.
Hinweisend sind die Bilder in diesem Buch. Sie enthüllen

Standards, um deren Erhaltung und Erweiterung es in Zukunft unter anderem gehen wird, aber auch brutale Verfehlungen. Gesucht wird ein Lenné-Nachfolger. Allerdings müßte er fünfmal so schlitzohrig sein wie der geniale Gartenbaudirektor. Heutzutage einem Naturschützer einen Baum abzujagen erfordert starke List.
Das Schöne, Gute aber wollen wir in Zukunft nicht wieder so erblicken müssen wie jenes Sakrower Kirchlein, das unversehens auf den mit Pestiziden freigehaltenen Grenzstreifen geraten war, unmittelbar neben der „Brücke der Einheit", und uns viele Jahre lang demonstrierte, daß die Welt in zwei Teile gespalten war: Ein Blickpunkt, von Lenné nicht beabsichtigt.
Fast tröstlich bot sich dagegen gleich nach der Wende der heute teilweise wieder zugewachsene Ausblick vom Nedlitzer Kirchberg, 43 Meter über Normal-Null aufragend und mit einem Bunker gekrönt, der dazu dient, daß wir 1945 und seine Folgen nicht vergessen. Auch hier nicht. Unten auf den Feldern lagen an jenem Tag in Reihen und Haufen herausgerissene Obstbäume. Ein Bild, als sei der große Lenné, der Kaputt- und Ganzmacher, gerade wieder tätig geworden, um Neues zu erschaffen. Die Feldmarken dort unten tragen hübsche Namen: Reiherstand, Augustenruh, Schneiderremise, Grenzremise, Lausebusch. Sie fielen uns allerdings zuerst nur der gefällten Bäume wegen ins Auge. Schnell wird der Blick durch den Jungfernsee gefesselt und die markanten Punkte, die sich dem Auge bieten. Das Belvedere wirkt von hier gar nicht mehr klobig. Die Glienicker Brücke ist ein Filigran in der Ferne. Dahinter, nur noch eine Andeutung, ragt der Flatowturm auf, und linkerhand der ebenfalls nur angedeutete helle Fleck muß die Nikolskoekirche sein. Potsdam-Stadt identifizieren wir an dem türmchenhaften Rathaus-Aufsatz und an der Kuppelbeule der Nikolaikirche. Der Jungfernsee ist, von hier gesehen, Mittelpunkt einer in Hülle und Fülle vorhandenen weiten, Herz und Gemüt öffnenden Landschaft. Vielleicht bleibt es so? Allerdings fällt mir manchmal zu Potsdam die Warnung meiner Großmutter ein, wenn wir uns im Berliner Zoo dem Affenkäfig näherten: „Nicht zu nah rangehen!"

LITERATUR:

Akademie Berlin: Potsdam und seine Umgebung. Berlin 1969
Baedekers Allianz-Reiseführer: Deutschland Ost. Berlin, Leipzig 1991
Bohle-Heintzenberg Sabine, Hamm Manfred: Ludwig Persius, Architekt des Königs. Berlin 1993
Falk Städteatlas, Großraum Berlin mit Potsdam. Maßstab 1:15000. Hamburg, o. J.
Giersberg Hans Joachim, Schendel Adelheid: Potsdamer Vedouten. Potsdam 1984
Grisebach August: Carl Friedrich Schinkel: Leipzig 1924
Günther Harri: Peter Joseph Lenné. Berlin 1991
Hinz G.: Peter Joseph Lenné und seine bedeutenden Schöpfungen in Berlin und Potsdam. Berlin 1937
Kopisch A.: Die königlichen Schlösser und Gärten zu Potsdam
Plessen Marie-Louise: Berlin durch die Blume oder Kraut und Rüben. Berlin 1985
Pückler H. v.: Briefe eines Verstorbenen, Teil 3., Stuttgart 1836
Röhrbein Richard: Italienische Turmvillen in Potsdam. Potsdam 1995
Schneidewind Bernhard, Schürmann Manfred: Potsdam und Umgebung. Ullstein Reiseführer, Berlin 1991
Schultze Johannes: Die Mark Brandenburg. Berlin 1989
Seiler Michael und Wacker Jörg: Fotos Kiessling Hermann, Insel Potsdam. Berlin 1991.
Sternaux Ludwig: Potsdam. Ein Buch der Erinnerung, Berlin 1932
Vehse Eduard: Illustrierte Geschichte des preußischen Hofes. Stuttgart, o. J.
Wichmann H.: Gesammelte Aufsätze, Bd. 2, Berlin 1884 („Lenné hinter dem grünen Gitter!")
Zedlitz Freiherr Leopold: Neuestes Conversations-Handbuch für Berlin und Potsdam. Berlin 1834

Teltow Kanal, Klein-Glienicke und im Hintergrund die Berliner Vorstadt

Die Foerstersche Gartenlandschaft in Bornim

Drewitzer Nuthewiesen

Drewitzer Nuthewiesen mit Silbergraben

Die Ravensberger Waldlandschaft von Rehbrücke aus

Drewitzer Landschaft

Allee nach Wildpark-West

Allee vom Neuen Palais Richtung Golm
und die Belvedere auf dem Klausberg

Bornimer Landschaft mit Heineberg

Vom Pfingstberg auf die Stadt

Die Jungfernremise mit dem Heineberg

Lennésche Kulturlandschaft

Allee in der Lennéschen Landschaft von Nedlitz

Kleingarten-Landschaft in der Teltower Vorstadt

Blick von der Friedrichshöhe in Werder nach Potsdam

Der Aradosee in der Teltower Vorstadt

Havellandschaft bei Baumgartenbrück mit Geltow und Werder

Sicht von Schloß Sanssouci in die Stadt

Die Klausberg-Belvedere im Park Sanssouci

Kuppeln der Stadt, im Hintergrund die Landschaft von Wannsee und Babelsberg

Die Freundschaftsinsel im Stadtzentrum

Das Neue Palais im Park Sanssouci

Die Glienicker Brücke vom Schloß Babelsberg aus

Sichtschneisen zu den Türmen der Glienicker Schlösser

Lennésche Landschaft mit Ruinenberg

Für die freundliche Unterstützung danken wir
der Landesentwicklungsgesellschaft für Städtebau, Wohnen und Verkehr
des Landes Brandenburg mbH